本书系2011年教育部人文社科基金
（11YJC820004）的结项成果

厦门大学法学院经济法学文库

朱崇实 刘志云 总主编

股指期货和股票现货跨市场交易监管研究

陈斌彬　张晓凌　著

厦门大学出版社

XIAMEN UNIVERSITY PRESS

国家一级出版社

全国百佳图书出版单位

总　序

　　与传统的部门法相比,经济法在我国产生比较晚,它肇始于改革开放以后的巨大变革时代,从一开始就立足于国家控制经济和经济体制改革,经历了从计划经济到"有计划的商品经济"再向市场经济跃迁的经济体制改革进程。也正因为此,经济法具有很强的本土性,中国经济法学研究从一开始就充分关注本土性问题。同时,不断变革的时代背景也决定了经济法是中国法律体系中最活跃的,也是最易变的法律。自身成长壮大的需要和社会经济变革的要求,都注定它必须面向不断试错的、渐进的社会转型,回应市场经济跌宕起伏的动态,在完成型塑我国社会经济的过程中不断发展、嬗变和成熟。

　　自改革开放以来,伴随着社会主义市场经济体制的逐步确立,经济法研究在我国蓬勃兴起,各种理论观点交相辉映。过去的三十余年里,在与其他部门法的论争中,经济法学界逐渐廓清了诸多方面的混沌认识,并在向市场经济转轨的经济社会变迁历程中,辅助立法部门构建起中国的经济法律体系,确立了经济法在整个社会主义法律体系中不可替代的独立性地位。特别是伴随着《中国人民银行法》《银行业监督管理法》《企业所得税法》《反垄断法》《企业国有资产法》等一批经济立法的生效,以宏观调控法和市场规制法为主体的经济法律体系逐步建立起来了。在整个法律框架内,经济法在我国的社会经济生活中所起的作用越来越重要,并将同其他部门法,特别是宪法、民法、行政法等协调配合,共同实现法律体系对社会经济的调整功能。

　　厦门大学法学院是全国较早开展经济法教学和科研的单位之一。1980年厦门大学法律系复办时,就开设了经济法课程,并在民法教研室中设立了经济法教研组;1982年正式成立了经济法教研室;1994年经国家教委批准,设立了经济法专业,开始培养本科生人才;1996年经国务院学位委员会批准,设立

了经济法硕士点,开始招收硕士研究生;2004年,厦门大学经济法学研究中心成立;2005年,开始挂靠其他专业博士点招收"金融法、法律经济学"方向的博士研究生;2006年,在获得法学一级学科硕士、博士学位授予权的基础上,我校设立了经济法博士点,成为我国经济法高层次专门人才的培养基地之一。立足于现有基础,厦门大学法学院经济法学科将保持并发扬在金融法、经济法基础理论与宏观调控法和财税法等研究方向上的鲜明特色,坚持"国内经济法与国际经济法问题相结合,以国内经济法为主"和"法学与经济学相结合,以法学为主"的原则,顺应经济全球化和世界经济一体化的时代发展潮流,以我国建设社会主义法治国家和市场经济体制为契机,积极开展经济法学理论研究与制度构建工作,在国内经济法学界继续保持较高的学术地位和学术影响。

"厦门大学法学院经济法学文库"的编辑出版,是依托厦门大学经济法教研室和厦门大学经济法研究中心进行学科建设和发展的一项新举措,以"前沿意识、精品理念"为指导,以系列学术专著、译著的形式,集中展现我国经济法领域的专题研究成果,促进学术繁荣和理论争鸣。"文库"稿件的来源以厦门大学法学院的学者、校友在经济法领域的专著、译著为主,也欢迎国内经济法学者和司法机关的工作人员不吝惠赐佳作。"文库"坚持作品的原创性,理论构建与司法实践并重,崇尚严谨的治学态度,鼓励学术上的革故鼎新与百家争鸣。在出版经济法学专家学者力作的同时,也关注经济法学界的新人新作,包括在优秀博士学位论文基础上扩充整理的学术专著,在他们的学术之路上扶上一马、送上一程。

我们期望"文库"不但成为经济法专家学者交流思想的平台,成为青年才俊迈向学术生涯的入口,成为经济法学研究成果汇集的智库,更力图使其能为变动不居的社会主义市场体制运行提供前沿理论探索和阶段性制度保障,为中国的法治之路贡献自己的绵薄之力。

"厦门大学法学院经济法学文库"编辑委员会

2010 年 11 月 8 日

目 录

股指期货和股票现货跨市场交易监管研究

厦门大学法学院经济法学文库

目
录

绪　言

一、跨市场交易监管的提出

　　众所周知,我国资本市场结构长期表现为现货市场(股票市场、债券市场、基金市场)和商品期货市场两类。虽然这两类市场的实质都是建立在货币基础上的证券流通,但两者之间因缺乏共同的关联变量,所以在运作上各自为政,一直处于两相隔绝、"井水不犯河水"的状态。与此相适应,监管部门对它们的监管也主要采取分立方式进行(以下简称:分市场监管)。① 然而,随着我国金融业内外一体化的推进及市场对金融避险工具需求的与日俱增,我国期货市场开始从过去单一的商品期货延伸、扩展到真正意义上的金融期货。2010 年 4 月 16 日首批 4 份股指期货合约的挂牌上市则揭开了我国金融期货市场正式形成的序幕,同时也意味着我国资本市场开始从单边市场走向双边市场。与先前的商品期货不同,由于股指期货本是以股票现货价格指数为交易对象,故这一交易工具天生就内含有与股票现货相联结的参数变量即股票价格。这种参数变量的存在使期货市场与现货市场联系紧密,一市场的风险极易通过双方的价格联动蔓延、传染至另一个市场,进而危及整个金融市场的安全与稳定。因此,股指期货在我国的推出和金融期货市场的建立与形成必将涉及现货和期货这两个不同市场结构的风险整合问题,从而对我国监管当

---

　　① 　根据证监会在其官方网站上对其五大内设机构如发行监管部、机构监管部、上市公司监管部、基金监管部与期货监管部的职能界定与描述,我们不难发现,证监会设置的前四个机构主要着眼于股票现货市场的监管,而期货监管部主要针对商品期货市场的监管。

局惯有的分市场监管模式提出严峻的挑战。为应对这种挑战,我国管理层也将横跨股指期货这一证券衍生品与其母体股票现货的跨市场交易监管提到立法和工作议程上。然而,与境外成熟国家或地区相比,无论是旧有的股票现货市场抑或新生的股指期货市场,我国整个资本市场在市场规模、参与者比例、投资者理性以及交易机制等方面均不够完善与成熟。在此情境下,我国应如何构建跨市场监管以回应当前的资本市场格局的创新与变动呢?尤其是在后金融危机时代,境外成熟市场有关跨市场监管的制度安排及调整给我们提供了哪些前车之鉴与有益经验呢?无疑,这是一个当下我国立法者、监管者及学术界不得不深察和思考的大问题。有鉴于此,本书试图从法律视角对此问题做一分析与回答,以为我国跨市场交易监管法律制度的完善献言献策。

二、国内外研究现状述评

(一)国外研究述评

1. 危机前。由于西方股指期货与股票市场之间的持续良性互动,使欧美等国的政府监管部门和学者认为,既定的制度如熔断机制能有效地防范两者间的风险传染,故而对跨市场监管的研究特别是其与宏观审慎监管的关联并不多见。已有的跨市场监管均被纳入期货市场监管的范畴展开。代表性的文献有 James,Simon 的"The Law of Derivatives"(1999)、Gengatharen 的"Derivative Law and Regulation"(2001)与 Johnson,Philip MCBride 的"Derivative Regulation"(2004)等。然而,这些文献主要从传统微观审慎角度剖析金融衍生品交易制度和风险管理规则,恪守的仍是分市场监管的研究思路,并没有从宏观审慎的角度审视衍生市场与现货市场的风险关联性。

2. 危机后。2008 年的金融危机使得"宏观审慎监管"开始成为各国之共识,[①]并逐渐成为学界讨论的热点。西方学界晚近也出现了不少涉及跨市场监管方面的论文,典型的如"Special treatment of derivatives in Korean

---

① "宏观审慎监管"的概念最早提出于 20 世纪 70 年代。该词并非一个传统的英文单词,而是由"Macro Prudential"、"Macro-prudential"演化而来的。与"Microprudential"相对应。从字面上理解,该词意指"宏观的审慎的"。危机过后,西方普遍采用"Macroprudential"一词来表述。国内常见的翻译表述包括"宏观审慎管理""宏观审慎""宏观审慎监管"等,这些实质上都是同一含义的不同表达。本书选用"宏观审慎"或"宏观审慎监管"来进行表述。

Insolvency Proceedings ：comparison with the United States and Japan ”（*Journal of Korean Law*，Vol. 7，Issue 2，2008）、Kalok Chan 的“A Further Analysis of the Lead-lag Relationship between the Cash Market and Stock Index Futures Market”（*Duke Law Journal*，Vol. 59，Issue 4，2009）与 Pin-Huang Chou 与 Mei-Chen Lin 的“The Effectiveness of Coordinating Price Limits across Futures and Spot Markets”（*Journal of Futures Markets*，Vol. 23，2010）等。这些文献均不同程度地论述到跨市场监管的必要性及对系统性风险防范的对策，但所提的制度建构普遍建立在强势有效的西方证券市场基础上，缺乏专门针对中国资本市场语境的考察，而且对跨市场监管与宏观审慎监管的内在逻辑关联关注不够，难以对我国当前的跨市场监管实践起全面的指导作用。

（二）国内研究述评

国内对跨市场监管研究主要集中在台湾地区，先后有诸如吕东英的《全球重要证券暨期货保管结算机构整合之趋势及展望》（2000）、周行一的《结算风险与跨市场集中结算机构研究》（2002）、林筠、谢文良、钟惠民等人的《跨市场集中结算机构之探讨——我国证券暨期货市场结算及风险管理架构》（2003）与周行一、李志宏的《我国如何建置跨市场结算风险控管机制》（2004）等多项研究文献出现。但这些文献基本集中于跨市场结算风险监控机制这一点展开探讨，对信息披露、协同稳定、操纵防范等其他跨市场监控机制，还有监管目标、监管机构、权限协调、监管属性等付诸阙如，亦无法形成系统性。

鉴于股指期货在我国大陆尚属一种“刚出炉”的金融创新产品，相比国外和台湾地区，大陆学者对以股指期货为载体的跨市场监管研究并不多见。总体而言，近期颇具代表性的论文主要有华东政法大学刘凤元副教授的《现货市场与衍生品市场跨市监管研究》（《证券市场导报》2007 年第 9 期）、天津大学王春峰教授的《股票、股指期货跨市场信息监管国际比较与借鉴》（《国际金融研究》2008 年第 3 期）、中南财经政法大学陈虹博士的《股指市场与股票市场跨市场监管：海外建设经验与中国制度选择》（《投资研究》2009 年第 11 期）与王小丽博士的《股票和股指期货跨市场监管法律制度研究》（安徽大学 2012 年博士毕业论文）等。这些文献均对跨市场监管展开了开拓性研究，但主要集中在跨市场监管必要性、范围界定与监管安排的引介（如跨市场信息披露、跨市场价格操纵和内幕交易行为的防范与监管）上，视角仍以传统“微观审慎”为主，没有凸显跨市场监管与一般分市场监管的差异性，即结合后危机时代金融监管改革的变动实际，从跨市场交易监管蕴含的“宏观审慎”特质来阐析我国

跨市场监管的战略定位与制度选择，故而缺乏足够的说服力。

除了学界孜孜不倦的努力，以证监会为代表的我国证券管理层也为迎接跨市场监管的到来做了很多基础性准备工作，如在 2010 年初股指期货筹备期间，证监会就临时专门成立"股指期货市场监管协调小组"，统一部署和协调上海证券交易所(以下简称上交所)、深圳证券交易所(以下简称深交所)、中国金融期货交易所(以下简称中金所)、中国证券登记结算有限公司(以下简称中登公司)、中国保证金监控中心有限公司(以下简称保证金监控中心)五方签署了关于股票市场和股指期货市场跨市场监管协作的"1＋3"系列协议。但是，这种框架性的协议和协调小组，离真正意义上的法律监管还有很大的距离。不仅体现在协议内容粗糙简单，缺乏具体的实施细则，操作性不强，而且主体残缺不全，忽略或排斥了证监会(作为政府监管主体)与期货业协会或证券业协会(作为自律监管主体)的作用，缺乏明确的制度建构和授权支撑，难以彰显防范和化解跨市场风险的制度功效。

总之，无论是理论界还是实务界，目前国内对跨市场监管的研究总体上停留在一种初级和断章阶段，表现为：一是内容单薄，欠缺系统性。有关跨市场监管的机构设置、跨市场信息披露、跨市场反操纵、跨市场协同稳定与跨市场的投资者适当性制度本是一个整体的系统工程，但当前研究往往倾向于考察某一国家或地区具体的期货监管法律制度条款的实施情况和相关跨市场操纵案例的解析，基本都停留在上述一两个环节的制度建构，尚未上升到"体系"的高度，难以对我国的监管实践起到全面的指导作用。二是经济学味道有余，法律意味不足。现有研究大多着眼于经济学、金融学的视角，从法学学科展开的不多，更遑论针对中国跨市场法律监管的系统研究。迄今为止，国内尚无这方面的研究著作问世。三是陷于微观审慎的思维窠臼，未能充分挖掘跨市场监管中蕴含的宏观审慎机理。同时，既有的研究主要以美国案例为主，对中国式的跨市场监管探讨较少，且在思路上均通过逻辑推导和扩大解释，将跨市场监管纳入传统股票审慎监管框架内予以规制应对，未能充分展现跨市场监管区别于分市场监管的特殊制度需求。

不难预见，从分市场交易的单一风险扩大到跨市场交易多种风险的监控，寻找增强我国股票及股指期货市场稳定性和抗风险能力的途径；从单一金融学的方法拓展至法学视角，寻求全面正式或有实质约束力的跨市场交易风险的法律监管对策；从单一的微观审慎理念上升到宏微观审慎相配合，结合我国实际以此阐析和探索跨市场监管制度的设置与优化将贯通本书跨市场交易监管研究的整个过程。

三、本书的框架及主要内容

一个有效的跨市场交易监管不仅要具备良好的纠错功能,及时惩处和制止已有的各种证券欺诈行为,而且还应有足够的风险防范功能,即通过谋划全局,从机制上对随时可能出现的金融系统性风险进行事前防范和消解。因此,后危机时代我国所要谋划的跨市场交易监管不仅应立足于现在,即有效缓解风险发生后的损失,还要具备必要的前瞻性,即能未雨绸缪地防范证券和期货市场的系统性风险。有鉴于此,本书拟在传统法学规范分析的基础上引入法经济学的分析手段以构建富有我国国情特色的跨市场监管框架体系,使之更能适应后危机时代宏微观审慎监管的内在要求。

除了绪言和结束语之外,本书的内容梗概如下:

第一章,股指期货与股票现货跨市场交易之概述。本章首先对跨市场交易的研究起点——股指期货的定义、分类及其在我国的发展历程作一梳理,其次转入与本研究主题相关的跨市场交易上,主要探讨跨市场交易的概念,产生的动因、特征及其蕴藏的跨市联动关系。最后,本章将重点对跨市场交易的风险成因及类型进行深入研究,以为下文分析跨市场交易监管的必要性及监管属性定位打下铺垫。

第二章,跨市场交易监管的理论基础和制度特征。跨市场交易是股指期货交易的应有之义。本章首先解析了对跨市场交易实施监管的必要性及其与传统分市场监管的本质区隔,其次对跨市场交易监管的属性进行了归类,指出跨市场交易监管交易并非是一种新生的监管类型,其仍是一种具有宏观审慎特质的证券监管。最后,本章在对跨市场交易监管定性的基础上,重点分析了跨市场交易监管的目标、原则及监管的主体和监管职责。

第三章,跨市场交易监管的实践观照:境外的做法与启示。美国作为现代期货市场的鼻祖,在历经近两百年的发展之后,其在证券期货市场跨市场交易监管的实践经验方面相当丰富和成熟。本章遵循舶来品的研究思路,将考察目光投向美国、英国、日本、中国香港等境外成熟市场经济国家或地区,并以之为样本分析这些国家或地区跨市场监管体制的结构及运行,然后在此基础上探讨和总结境外跨市场交易监管对我国的启示意义,以为下文我国跨市场交易监管完善提供经验教训。

第四章,我国跨市场交易监管完善之径:宏微观审慎的有机推进。作为一种新生的金融创新,股指期货在我国能否持续、健康和快速地发展,很大程度

上取决于其与现行的现货市场开展跨市场交易时的风险发现与控制。本章将运用宏微观审慎有机结合的新型监管机理,有批判地借鉴发达国家已有的成熟做法,由宏观到微观,从监管主体、监管边界、监管协作、跨境监管、交易登记、程序化交易账户管理、跨市场价格稳定机制、市场操纵和投资者适当性、投资者风险教育等方面完善我国既有的跨市场交易的法律监管。

四、本书的研究价值与创新

总结而言,本书的研究价值包括理论和实践两个层面。首先,就理论价值而言,本书可为后危机时代学界孜孜寻求于资本市场系统性风险监管理论的构建提供一个良好的注脚与范本,推进和拓展既有资本市场监管研究的深度和广度。前已提及,我国以往对整个资本市场的监管是通过对证券现货(主要是股票)和金融衍生品(主要是股指)分市场的监管模式来实现的。这种模式关注的是不同市场结构中各自的风险防范及市场所对应的单个金融机构(如证券公司、期货公司等)的稳健经营,贯彻的是一种微观审慎监管理念。然而,2008年金融危机的惨痛教训表明,在金融创新使得风险转移形式多样化的今天,这种理念难以因应不同市场及不同金融机构之间的相关性及共同风险暴露的现状,无助于从源头上化解整个资本市场的风险。是故,从宏观的视野认识与把握资本市场整体风险的生成机理,并在原有微观审慎基础上引入跨市场联动监管机制,将能纠正微观审慎理念的偏差,从而克服以往各市场中个体行为有限理性与市场行为短期性所导致的顺周期弊端,达致防范风险传染和系统风险爆发的目标。

其次,就实践价值而言,本书力图实现如下三方面:(1)政策价值。本书从宏观审慎视角思考与重构我国跨市场风险的法律防范,这种研究本身就是贯彻党中央和国务院2011年在"十一五"规划中提出的"建立金融风险识别、预警和控制体系,防范和化解系统性金融风险"战略抉择的一种积极探索。(2)工具价值。这种价值有二:一是充分借鉴境外成熟市场在金融危机前后的经验教训及制度调整,将危机管理的相关理念引入其中,为我国今后金融危机管理增加了一个跨市场监管的对策手段,以利于我国股指期货的平稳运行和促进我国资本市场巨大潜力的进一步释放;二是推进跨市场监管的国际协调与合作,以有效阻隔跨市场风险的跨国境传播,降低以后类似此次金融危机的再度发生和蔓延的可能。(3)学科价值。通过确立跨市场监管联结点,将改变以往我国现货和期货市场监管研究各自为政、相互脱节的局面,进而助益于我国经济法学尤其是证券监管法学研究方法的改革与创新。

　　除上述之外,本书预计的创新点主要有:(1)选题新。跨市场监管是股指期货市场在我国形成后才为我国金融监管当局所关注的。当前,有关跨市场交易运营的利弊影响、监管理念、监管架构的设计、监管边界和监管内容的厘定尚存争议,亟待研究,本书可为之提供方向性的指导和科学合理的立法建议。(2)思路新。传统的法学研究多把我国的股指期货或股票现货监管安排当成一种自给自足的封闭式逻辑体系,往往以微观审慎作为衡量监管有效性与否的尺度,或者说将有效监管局限于(股指)期货业或(股票)证券业领域,而忽略了两者因跨市场交易形成的内在风险关联。本书则试图摆脱传统法学分市场监管的这种研究窠臼,引入宏微观审慎有机结合的研究思路,将宏观审慎嵌入以往微观审慎监管中,使跨市场监管更具有效性与针对性。(3)方法新。本书除了运用传统法学规则分析方法,还适当参鉴法经济学中的价格理论、公共选择理论及其博弈论等最新分析工具,以更科学、直观地解释分市场监管有效性不足的原因和如何使得跨市场监管达致有效的过程。(4)内容新。如本书主张在原有微观审慎基础上引入跨市场联动监管机制,才能纠正微观审慎理念的偏差,从根本上克服以往各市场中个体行为有限理性与市场行为短期性所导致的顺周期弊端,真正实现防范风险传染和系统风险爆发的目标。还有为了打击跨市操纵违法行为,保护投资者权益,或者说为了防范系统性风险,维持市场公正与秩序,本书主张股票市场与股指期货市场的监管当局应加强跨市场信息交换、沟通与分享,强化日常风险监管,从而在发生系统风险或操纵风险时能第一时间内找到问题的症结,促发跨市场交易主体及时开展恢复和自救工作,避免处置延迟导致的风险外溢。

第一章

股指期货与股票现货跨市场交易之概述

　　股指期货市场以期货交易方式复制现货交易,构建了服务和服从于股票现货市场的影子市场。因此,一个完整意义上的股票市场,应该包括股票发行一级市场、股票交易二级市场和管理股市风险的股指期货市场。从全球特别是发达国家或地区的实践来看,其股票市场无不由这三个部分组成。易言之,只要有股票现货市场,就一定会伴生股指期货市场。我国推出股指期货,不仅是股票市场走向创新与发展的必由之路,亦是其走向成熟不可或缺的重要组成部分。然而,股指期货市场的成功运作离不开跨市场交易。跨市场交易不仅将股票现货市场和期货市场有机联系在一起,结束了以往两市彼此割裂的状态,而且还可以使股票现货风险变得可表征、可分割、可转移和可管理,促进市场价格的波动趋于合理,从而优化股票市场固有的资产配置功能。为此,本章拟先对股指期货的形成、发展的历程作一简要梳理和考察,然后在此基础上阐析跨市场交易的概念、特征及其引发的联动关系和风险类型,为以下各章研究的开展打下基础。

第一节　股指期货的产生及其在我国的发展

一、期货、金融期货与股指期货

衡诸世界经济发展史，人们通过买卖交换获得商品的方式无外乎有两种：现货与期货。现货是指在市场中随行就市地买卖用于消费的商品，即一手交钱一手交货、钱货两讫的交易方式；而期货，从辞源上看，英文为"future"，本有"未来"之意，后演化为"未来交付商品"。因此，期货交易指的是双方不是在买卖发生一开始就交货，而是约定在未来某一时间根据事先锁定价格进行交货的交易方式。这种要未来才交货的交易时间、交割日期、报价单位等既可以由双方视各自的情况不同和需要相机达成特定合同进行约定，也可以由双方根据专业机构（如证券或期货交易所等）事先统一制定的标准化合同和交易规则进行。如果是前者，则为远期合同交易。这种交易主要通过交易当事人协商、非竞价完成，是一种人格化交易，通常是一次完成，且不能重复出现。而后者则为人们所熟悉的期货合同交易，即狭义上的期货交易。与远期合同交易不同，这种交易采用集中竞价的方式，是一种非人格化的交易，可以在合约到期前采用平仓方式冲销原理的交易，流动性较强。[①]

现代意义上的期货更多指的是狭义上的期货交易，即双方根据独立于买卖双方之外的期货交易所事先统一制定的，规定在将来某一特定时间和地点交割一定数量标的物的标准化合约而展开的交易。在此语境下，期货交易可以根据其合约中所载明的标的物的不同而再作不同的分类。比如，当标的物是黄金、铜、原油、大豆等某种特定的商品则为商品期货；而当标的物为某种金融资产（如外汇或债券）或某个金融参数指标（如利率或股票指数）等，则是金融期货。当然，无论是商品期货还是金融期货，期货交易的对象都是期货合

---

① 有学者据此将标准化合约的期货交易视为期货贸易的高级形式，而把远期交货合同视为期货贸易的初级形式。参见姚兴涛：《股指期货的监管属性》，载《证券市场导报》2000 年 6 月，第 54 页。

约,而非合约中载明的标的物,投资者都可以在两者合约到期前采用平仓的方式冲销原来的交易。而与之不同的是,商品期货的投资者在合约到期时通常采用实物交割方式,本质上是一种货物贸易行为,发生在实体经济领域;而金融期货的投资者在合约到期时虽既可选择实物交割,也可选择现金交割,但这边的"实物"也主要是指不同于实际商品的金融工具如国债、外汇等,故其本质上是一种金融投资行为,发生在虚拟经济领域。本书研究的对象——股指期货就是金融期货中的一种。[①]

那么,何谓股指期货呢?股指期货就是股票价格指数期货的简称,是指以股票价格指数为标的物的标准化合约。或者说,股指期货就是将股票价格指数作为交易对象进行的一种期货交易。其中,股票价格指数是综合反映一国股票市场上各种股票市场价格的总体水平及其变动情况的指标,它通常由证券(期货)交易所或专门的指数公司通过计算该国股票市场上全部或部分具有代表性的上市公司发行的股票在某一时刻的成交价平均值与基期价格的比值编制而成。[②] 投资者根据指数的升降,可以判断出股票价格的总体变动趋势和股市的实时动向。并且,由于股票价格指数的变动,合约双方可以约定在未来的某个特定日期(结算日)按照事先锁定的股票价格指数的点位进行标的指数升降幅度的买卖,以实现对其持有资产保值或增值的目的。

可见,从"商品期货"到"金融期货"再到"股指期货",三者就期货概念的内涵并无差别,但外延的范围却不尽相同,依次缩小,相互间呈现出一种上位阶与下位阶的种属关系。其中,股指期货的种属位阶最低,外延最小,故其除了"期货"的内涵共性外,[③]还具有如下三方面的特质。

第一,合约的标的物被高度虚拟化。这种标的物既非有形物,也非无形知

---

① 归纳而言,目前国际上金融期货可分为三大类,即外汇期货、利率类期货和股票类期货。其中,利率类期货又分为中长期债券期货和短期利率期货两种。

② 编制股票指数,通常以某年某月某日为基准日,以这个基期的股票价格作为100(或1000),用以后各时期的股票价格与之相比较,计算出升降的百分比,就是该时期的股票指数。事实上,因为不同投资者关注的股票不同,加上在交易所挂牌上市的股票种类、数量繁多,计算全部上市股票的价格平均数或指数的工作艰巨而复杂,因此人们通常是选择其中部分富有代表性的样本股票并计算这些样本股票的价格平均指数,用以标示整个市场的股票价格整体运行趋势及涨跌幅度。以我国为例,典型的如上证180指数、上证50指数、沪深300指数、深证成指等。

③ 这些共同特征包括但不限于:交易的对象是合约而非合约上记载的标的物;交易的流动性强;交易具有高投机性、交易均采取保证金制度,且在专门的交易所内进行。

识产权,而纯粹是由一组数字组成的虚拟化产品及抽象的"股票价格指数"。交易所在设计股指期货合约时,通常会选取一种股票价格指数作为标的物,设计出合约乘数(如规定每一指数点对应的价格),从而计算出每一份合约的总价值,即合约价值=指数点×合约乘数。通过这种设计,股指期货的交易合约具有了交换价值,实现了多重虚拟化。例如,美国的标准普尔 500 股指期货(S&P 500)规定合约乘数为每点 250 美元,假定当前标准普尔指数为 1600点,则一份标准普尔指数合约的总价值就为 1600×250＝400000 美元,而若保证金比率为 10%,则完成一手合约交易需要的保证金就是 400000×10%＝40000 美元。

第二,合约采用现金交割。所谓现金交割,是指在最后交易日尚未平仓的股指期货合约,将在当天收盘结算时被自动平仓,同时根据交割结算价计算出盈亏金额,然后通过将盈亏直接在盈利方和亏损方的保证金账户之间划转的方式来了结头寸。也就说,在股指期货合约到期日,空方无须交付一揽子的成分股股票,多方也无须交付合约总价值的资金。而与之不同的是,商品期货和金融期货中的外汇期货和中长期债券期货均通过转让实物所有权的方式进行结算。股指期货之所以采用现金交割,原因有三:其一,如上所述,股票指数是一种特殊的金融资产,变化莫测,而且众多股票价格的平均值的相对指标如采用实物交割,势必涉及烦琐的计算和股票转让等极为麻烦的手续;其二,从交易双方的本意来看,双方展开股指期货买卖,意在保值和投资而非该股指所指向的实际股票;其三,采用现金交割可以避免合约到期时因现货股票流通量有限,导致很多人为履行合约而出现短时间内抢购股票,容易"追涨杀跌",加剧股市投机的气氛。

第三,合约交易高度标准化和杠杆化。标准化体现为股指期货合约除了价格条款之外,其他条款均是由期货交易所预先确定的,交易者无权变更其中任何一个条款;而高度杠杆化则是相对于全额交易方式而言。由于股指期货交易是以小博大的"杠杆式交易",在这种交易方式中,一方当事人只需交纳相对较低比例的保证金,便可以与对方当事人从事百分之百的合同金额的交易,实现交易上的"以小博大"。

二、股指期货的产生与功能

(一)股指期货的产生

从世界范围来看,股指期货的产生是市场经济供需两方面因素共同作用

的结果。首先,从需求方面而言,随着 20 世纪 70 年代初国际外汇市场上固定汇率制度的崩溃,外汇期货随之诞生,并引领国际期货市场开始由商品期货到金融期货。① 与此同时,西方各国出现经济滞胀,经济增长缓慢,物价飞涨,整个西方的资本市场经历了二战以来最严重的一次危机。以美国为例,在 1972 至 1974 年间,其道琼斯工业平均指数下跌幅度超过 50%,陷入了长时间的熊市。面对不断下挫的市场,当时人们除了抛售外汇、债券和股票之外,并无其他恰当的金融工具可以利用。虽然当时的芝加哥作为世界上最大的期货市场,其谷物期货为全球市场定价,但是,农产品并非主流金融的组成部分,纽约华尔街对期货交易一直漠不关心,在他们看来,期货交易不过是农场主和食品商的小圈子和专属领域。然而,彼时美国股票市场的结构发生了很大的变化,以信托投资基金、养老基金、共同基金为代表的机构投资者,已不再满足于通过优化投资组合来降低非系统性风险,而是有着规避系统性风险的强烈要求。② 于是,勇于梦想、敢于创新的芝加哥人提出了疑问:既然农产品期货可以为农产品价格波动提供风险管理和对冲工具,为什么不能发明基于外汇、债券和股票的金融期货,用来管理金融资产价格波动的风险?当时芝加哥商业交易所(Chicago Mercantile Exchange,CME)的场内交易员埃尔默·福克(Elmer Falker)就曾指出股指期货将是“终极”期货合约,并与时任 CME 主席的利奥·梅拉梅德(Leo Melamed)讨论过道琼斯工业平均指数期货的想法,并叹息说“它将永远无法实现,因为你无法交割”。1968 年,曾经当过卡车司机的纽约产品交易所(NYPE)会员默里·博罗维茨(Murray Borowitz),也曾建议推出道琼斯工业平均指数期货,但也很快被美国联邦证券交易委员会(Securities and Exchange Commision,SEC)否决。

尽管思想先驱者们关于股指期货的想法没有立即变成现实,但是股指期货这一极富魅力的新产品仍然吸引了许多交易所为之而努力。1977 年初,堪萨斯期货交易所(KCBT)聘请斯坦福大学罗杰·格雷博士(Roger Gray)专门从事新产品开发工作。经过认真分析,决定开发股指期货,因为规模庞大的股票市场急需有效的风险对冲和保值手段。同年 10 月,KCBT 向美国商品期货

---

① 1972 年 5 月 16 日,美国的芝加哥商业交易所(CME)设立国际货币市场分部,推出了外汇期货交易。当时共推出 7 种货币(英镑、德国马克、瑞士法郎、加拿大元、墨西哥比索、日元和意大利里拉)的期货合约,标志着金融期货的产生,并引发了其他金融期货品种的创新。

② 姚兴涛:《股指期货的监管属性》,载《证券市场导报》2000 年 6 月,第 55 页。

股指期货和股票现货跨市场交易监管研究

厦门大学法学院经济法学文库

交易委员会(Commodity Futures Trading Commission,CFTC)正式提交了报告,提出开发以股票指数为标的的期货产品,来规避股票投资中的系统风险。几乎在同一时间,芝加哥期货交易所(Chicago Board of Trade,CBOT)与CME也将目光投向股指期货。而历史最悠久、在当时的市场中认可度最高的道琼斯工业平均指数,毫无疑问地成了标的指数的首选。历经多次的听证与修改,KCBT的研究报告终于在1982年2月16日获准通过。[①]2月24日,KCBT在此基础上推出了全球第一份股指期货合约——价值线综合平均指数(The Value Line Index)合约。同年4月21日,CME推出了标准普尔500指数(S&P 500)期货合约,并成为当今世界金融衍生品市场最成功的股指合约之一。随后,股指期货在全球多个国家被竞相推出。截至2012年底,全球金融期货和期权合约交易量达到178.886亿手,其中股指期货、期权的交易达到72.449亿手,占总交易量的40.5%,成为当时国际期货市场最具影响力的期货品种。[②]表1-1列举了当今世界主要期货品种及所在国或地区股指期货的推出时间。

表1-1 世界主要股指期货的推出时间

股指期货品种	推出时间	推出国家或地区
价值线综合平均指数期货	1982年2月	美国
S&P 500指数期货	1982年4月	美国
NYSE综合指数期货	1982年5月	美国
100(FTSE)指数期货	1984年5月	英国
香港HIS指数期货	1986年5月	中国香港
日经225指数期货	1986年9月	新加坡
AEX指数期货	1988年1月	荷兰
日经225(Nikkei 225)指数期货	1988年9月	日本
CAC 40指数期货	1988年11月	法国

---

① 由于股指期货没有任何先例,1978年10月CFTC在华盛顿特区对该报告举行公开听证会;1979年4月,KCBT对该报告又作了修改,建议将合约标的物指数从最先的"道琼斯工业平均指数"改为"价值线综合平均指数"。

② 相关数据是笔者根据美国期货业协会提供的统计数字计算出来的。

股指期货品种	推出时间	推出国家或地区
DAX 指数期货	1990 年 9 月	德国
NASDAQ 100 指数期货	1996 年 4 月	美国
KOSPI 200 指数期货	1996 年 5 月	韩国
S&P 500 电子迷你型合约	1997 年 9 月	美国
道琼斯工业平均指数期货	1997 年 10 月	美国
台股指数期货	1998 年 7 月	中国台湾
S&PCNX Nifty 指数期货	2000 年 6 月	印度

(二)股指期货的功能

股指期货之所以在较短时间内发展成为全球期货、期权市场的主打品种，或者说，各主要经济大国或地区的政府之所以要大力引进适合本国国情的股指期货产品，这都与其自身功能和对一国社会经济体系的积极作用分不开的。笔者将从宏微观两个层面分析股指期货的功能。

1. 股指期货的宏观经济功能

(1)价格发现与稳定股市

股指期货的价格发现功能是相对于股票现货而言的。交易合约的标准化、交易成本的最小化，加上很高的透明度和极强的流动性使得股指期货的交易近乎在一个完全竞争的市场中进行。众多的来自四面八方的交易者带来了大量的供求信息，并通过公开竞价的方式达成股指交易协议，形成均衡的交易价格。该价格比较真实地反映了特定时间段内市场供求状况以及所有市场参与者对股市走向的综合预期，有较强的指示功能，对稳定市场秩序和熨平市场波动具有重要的信号意义。有实证研究表明，股指期货价格对信息的反映较股票现货价格更快，可领先于股票市场价格数分钟。[①] 究其原因在于：股指期货采用保证金交易，成本低，杠杆倍数高，投资者在收到市场信息后，更愿意先在股指期货市场调整头寸和交易方向。除此之外，股指期货的这种价格发

---

① 薛宏刚、徐成贤、徐凤敏：《股票指数期货——投资、套利与套期保值》，科学出版社 2008 年版，第 33 页。

现功能还可减少股票现货的波动,利于股票现货市场的稳定。[①] 这是因为,如果股指出现巨幅下跌,在下跌过程中会有越来越多的做空者趁机补仓,而随着结算日的逐步临近,这些补仓者为获取收益必然会持续出货以求变现,从而促使股指逐渐回归平衡。并且,由于期货市场的零和效应,在一方做空预期即将实现的情形下,交易的另一方(即需要承担损失的对手方)必然会采取行动来抑制股指的大幅下跌,从而有效地抑制股市的持续暴跌。可见,有了股指期货这种交易工具的存在,我国股市连续出现暴涨或暴跌的可能性微乎其微。股指期货对股价的平抑和对市场波动的消解与缓冲使其赢得了市场"减震器"的美誉。

(2)优化资产配置和促进股市流动

在股指期货保证金交易、卖空机制和对冲交易机制下,投资者只需支付合约金额一定比例的资金就可以通过股指期货跟踪大盘或特定成分股的指数,不仅可以达到分享市场利润的目的,而且还可根据自己的风险偏好迅速改变其资产结构,构建不同"收益—风险"水平投资组合,从而提高投资者资金使用效率和资产配置效果。正是股指期货的这种资产配置功能,使其甫一推出就对股票现货市场的交易产生放大效应,增加了市场的活络度和资金的流动性。从海内外新兴市场的实际情况看,韩国、中国香港、中国台湾地区在股指期货试行推出后不久,股票现货市场的交易量都有显著的提高,直接融资规模进一步增加。以中国香港为例,在其 1986 年推出恒生股指期货后,当年的股票交易量就增长了 60%,直接融资规模扩大了 24%,而且资金都集中于流向股指期货合约标的中的成分股。可见,股指期货对改善股票市场资金流向,提高交易效能和增加市场流动性的推动作用是不容置疑的。

2.股指期货的微观经济功能

(1)转移、规避风险

转移和规避风险是人类创造股指期货的最初原动力。一般而言,证券市场投资的风险主要有两类:一类是系统性风险,包括政策法规方面的风险、宏观经济方面的风险、政治突发事件的风险等。系统性风险是指市场上所有证券都要承受的风险,俗称"大盘风险",是无法通过分散投资来消除或减少的。另一类是非系统性风险,即由所投资的上市公司的个体因素(如经营状况、财务状况和信用状况变化)引起的单个股票价格波动的风险。这是一种与作为

---

① Lee,S. B. and Ohk, K. Y., Stock and Index Futures Listing and Structure Change in Time-Varying Volatility, *Journal of Futures Markets*, 1992.

一个整体的证券市场风险无涉的风险，一般可以通过精心选择和配置有效的证券组合即分散化的投资来加以减少。以我国为例，股指期货推出之前，我国股市实行的是单向交易机制，投资者只能做多，无法做空，即只有在股价上涨时才能盈利，而一旦遇到突发事件或重大利空信息时，投资者就无法躲避股价暴跌给之带来的损失。如从 2007 年 10 月至 2008 年底，因宏观调控和大小非的不断解禁，我国股市不断地持续下挫。沪深两市陷入了绵长的熊市阶段，其间只在管理部门出台了相关救市政策后有过几次小幅的反弹，其余大部分时间都是单边大幅下跌。有可靠统计资料显示：从 2007 年 10 月 16 日的最高点 6124 点起算，至 2008 年 10 月 28 日 1664.93 的最低点，我国上证指数与深圳成指的下降幅度均超过 70%，两市缩水最多高达 22 万亿。面对着这种系统性风险带来的股价暴跌，当时有近九成投资者亏损，人均亏损达 13 万。[①] 设想，如果当时有股指期货这种规避大盘波动风险的金融工具，则可能会出现一番不同的情景。因为投资者可通过跨市场的反向操作，构建一种盈亏冲抵机制来规避系统性风险，从而有效地减少股价暴跌带来的损失。比如，当股票现货市场处于下跌通道，投资者已经持有股票，则其可在期货市场选择做空，即先卖出股指期货合约。如果指数进一步下跌，在买入相同数量的股指期货进行平仓，高卖低买获取收益，用以弥补持有股票的亏损，从而对冲股市股价整体下跌的系统性风险。这样，投资者通过两个市场的反向交易，不仅可以继续享有所持股票的股东权益，同时还可锁住所持股票资产的原有价值，避免集中性抛售导致的股价下跌损失。就此而言，股指期货不仅是证券市场的"减震器"，更是规避系统性风险的"挪亚方舟"。

（2）套期保值

套期保值是指投资者为防止未来股票现货价格波动的风险，通过做空或做多股指期货合约来规避、转移股票现货市场价格风险的交易方式。其实质就是期货与现货之间的对冲。股指期货之所以具有套期保值功能，是因为股指期货和股票现货指数均指向相同标的成分股，一般情况下，两者受共同因素的影响，其价格变动趋势和轨迹大致相同。因此，投资者只要根据适当的套期保值比率在期货市场建立与现货市场相反的持仓，则在市场价格发生变化时，一边市场的获利就可以弥补另一边市场的亏损，从而盈亏互抵，实现保值之

---

① 参见佚名：《2008 年中国股灾十八年不遇 股民人均亏损达 13 万》，载《中国证券报》2008 年 12 月 24 日，第 4 版。

目的。

（3）投机套利

从广义上讲，凡是为谋求利润而承担风险的行为都是投机。股指期货的投机套利是指投资者以获取价差收益为目的，通过承担套期保值者不愿承担的风险，利用股指期货不同合约之间或股指期货、股票现货两个市场之间的价差变化，在相关合约或相关市场之间进行相反交易的行为。正是股指期货的高杠杆性允许投资者利用一定比例的资金就可以拥有较大的头寸，加之市场的高度透明化，使得投机套利与套期保值相辅相成，共同构成股指期货市场运作不可或缺的组成部分。

总之，股指期货既具有宏观上的价格发现、市场稳定与良好的资源配置和促进市场流动性等功能，又有微观上的规避风险、套期保值和投机套利功能。这些功能的集聚极大增强了股指市场应对突发事件和化解危机冲击的能力，避免了现货市场的大起大落。"9·11"事件就极富代表性。在 2001 年 9 月 11 日恐怖分子劫持的 4 架民航客机撞击美国纽约世界贸易中心（双子塔）和华盛顿五角大楼事件发生的当日，纽约股市暴跌，之后连续 4 天停盘。在恢复开盘之后，标准普尔 500 指数期货看空的交易量与持仓量均大幅度增加，充分显示市场参与者在出现极大风险时利用股指期货规避风险的强烈需求。不到一周，随着看空的合约不断出仓或被平仓，股指不断被拉升，从而迅速带动现货指数的回升，使得整个证券市场很快地恢复平静，并没有发生很多人所预期的一蹶不振。为此，美联储前主席格林斯潘对股指期货的作用给予了很高的评价，认为"正是有了股指期货这个工具可依，美国的整个金融系统由此发展得比 20 多年前更灵活、有效和富有弹性，世界经济的发展也因此变得更富弹性"[①]。世界金融期货创始人，美国 CME 永久名誉主席利奥·梅拉梅德也指出，世界金融市场的发展历史证明，股指期货在规避风险、提高资本利用率等方面发挥的作用不可替代。[②]

三、我国股指期货市场的形成与发展

作为一种风险管理工具，股指期货可弥补股票现货市场缺乏做空的制度

---

① 参见朱玉辰主编：《股指期货基础教程》，上海远东出版社 2010 年版，第 27 页。

② ［美］利奥·梅拉梅德：《股指期货是中国资本市场持续成长的必然需要》（2005 年中国金融衍生证券大会演讲摘要）http://www.cs.com.cn.

缺陷,从根本上改变过去系统性风险无法规避之现状,促进我国资本市场的发展趋于成熟和理性。我国股指期货的发展经历了一个由萌芽与试点到探索与形成,再到规范与发展的渐进过程。试点时期,我国对股指期货的认识主要停留在作为现货市场的补充及促进现货流通和价格形成层面,直至后来,随着股票现货与股指期货跨市场交易的兴起和不断演绎,我国的监管机构才认识到股指期货作为证券市场风险管理、资产配置的工具性价值,并逐渐重视从金融法治的视角探索股指期货及其交易风险的法律规范。

(一)萌芽与试点时期

1993 年 1 月,为防范周期性股价波动风险,海南证券交易中心开始筹备股指期货交易,并于同年 3 月份推出了深圳综合指数和深圳 A 股指数这两种股指期货合约。但是,一方面,由于当时我国市场经济化的发展程度较低,整个金融市场仍处于严格的行政管制之中,投资者对这种新兴证券衍生工具是否可为政府所认可普遍心存疑虑,观望气氛浓厚,参与合约交易的热情不高,成交冷清;另一方面,当年 9 月初,深圳平安保险公司福田证券交易部在开通了两天海南深圳股票指数交易期货业务后,出现了收市前 15 分钟大户联合出货、打压股指期货的行为。此事引起了监管部门的高度注意。当时的国务院证券委员会和证监会认为海南证券交易中心未经过有关监管部门批准,擅自开展股指期货交易,属于违法行为,且认为股指期货这种交易工具普遍不适合当时投资者的认知水平,遂决定关闭海南证券交易中心的股指期货交易,令其在当年 9 月底全部平仓停止交易。[①] 结果,刚刚萌芽的股指期货市场也因此在中途"夭折",从而宣告我国股指期货交易首次试点的失败。

(二)探索与形成时期

虽然海南证券交易中心试点股指期货交易无果而终,但是我国监管部门探索与发展期货市场的设想并没有因此停止。1993 年 9 月,在当时的国务院证券委员会的批准下,我国国债期货产品在上海证券交易所正式挂牌向个人投资者开放。并且,1994 年 10 月后,随着中国人民银行提高 3 年期以上储蓄存款利率和恢复存款保值贴补,国库券利率也得到了同样的保值补贴,促发了大量投资者由股市转入债市,国债期货市场行情由此看涨,市场成交规模非理性地扩大增加,并最终于 1995 年 2 月上演了新中国成立以来罕见的金融地

---

① 薛宏刚、徐成贤、徐凤敏:《股票指数期货——投资、套利与套期保值》,科学出版社 2008 年版,第 38 页。

股指期货和股票现货跨市场交易监管研究

厦门大学法学院经济法学文库

震——国债市场的"327国债危机"。①在此危机的压力下,1995年5月,监管部门不得不暂停了国债期货交易。

在海南证券股指期货交易被关闭和"327国债危机"之后的很长一段时间,期货在我国声名狼藉,几乎被社会大众"妖魔化"。人们一提及期货如"谈虎色变",常常将之与虚假欺诈、投机倒把和尔虞我诈等消极形象相提并论。可以说,从1995年到2004年间的十年,是中国金融期货业沉寂的十年。中国国内再也没有出现过任何场内的衍生金融产品。不过,尽管我国在股指期货探索中一波三折,但却取得了以下几个标志性成果和成功试点。这些为加快股指期货的推出提供了良好的铺垫。

首先,香港在1997年推出了红筹股指数期货,并在2003年12月进一步推出了香港H股指数期货,两种产品均运行良好,并得到市场和投资者的普遍欢迎,不仅在香港,在国际社会也取得了良好的反响。并且,由于香港与内地也具有共同的语言、文化和历史背景,这为我国内陆股指期货的推出提供了宝贵的经验。1999年,我国内地开始仿照香港H股指数期货的做法,组织相应的人力和物力,着手进行股指期货标的指数模型的构建与筛选工作。2005年4月8日,沪深证券交易所历时6年,借鉴了国际市场成熟的编制理念,采用调整股本加权、分级靠档、样本调整缓冲区等先进技术编制成沪深300指数,并经过其他几个较著名的指数样本(如上证综合指数、深证综合指数、上证180指数、上证A股指数、深证成指)的比较和多次的内部仿真试运行,正式确

---

① "327"是对1992年发行的3年期国债期货合约的代称,是颇为活跃的炒作题材。"327国债危机"的大致经过为:辽宁国发股份有限公司(简称辽国发)和绝大部分的中小散户及部分机构是多头,1995年2月23日,做空的辽国发抢先得知"327"贴息消息,立即由做空改为做多,16时22分13秒,空方主力上海万国证券在最后8分钟内砸出1056万张卖单,把价位从151.30元拉到147.50元,使当日开仓的多头全线爆仓。这个举措令整个市场目瞪口呆,若以收盘价计算,这一天做多的机构,包括像辽国发在内的机构将血本无归,而万国证券不仅能够摆脱掉危机,并且还能赚到42亿元。这完全是一种蓄意违规行为,为避免事态进一步扩大,上交所确认空方主力恶意违规,宣布最后8分钟所有的"327"品种期货交易无效,各会员之间实行协议平仓。

认沪深 300 指数成为我国首份股指期货合约交易的首选标的指数。[①]

其次,在 2006 年 9 月 5 日,新加坡推出新华富时 A50 股指期货,意在夺取我国证券市场定价权,[②]受此引发的压力和影响,使我国将推出股指期货列为当时发展资本市场的主要工作进程。2006 年 6 月 8 日,国务院批准成立中金所。同年 9 月 8 日,中国金融期货交易所股份有限公司正式在上海期货大厦内挂牌,并对外公开宣布将推出以沪深 300 指数为标的的股指期货合约,从而标志着股指期货进入实质性的筹备阶段。

再次,2006 年 10 月 30 日我国启动了股指期货的仿真交易。中金所制定了《中金所仿真交易业务规则》。2007 年 3 月 6 日,当时的国务院总理温家宝签署了第 489 号国务院令,颁布并于 4 月 15 日起正式实施《期货交易管理条例》。与之前的《期货交易管理暂行条例》相比,《期货交易管理条例》将适用范

① 我国最后确认以沪深 300 指数作为首份股指期货合约的标的物,主要基于以下三点考虑:(1) 以沪深 300 指数为标的的期货合约能在未来我国股指期货产品系列中起到旗舰作用,具有占据市场主导地位的潜力。自 2005 年 4 月 8 日该指数发布以来,市场检验表明其具有较强的市场代表性和较高的可投资性。在沪深 300 股指期货产品上市后,中金所可根据市场需求情况逐步推出分市场、分行业的指数期货产品,形成满足不同层次客户需求的指数期货产品系列。(2) 沪深 300 指数市场覆盖率高,主要成分股权重比较分散,能有效防止市场可能出现的指数操纵行为。据统计,截至 2007 年 6 月 18 日,沪深 300 指数的总市值覆盖率约为 74.25%,流通市值覆盖率约为 62.85%。前十大成分股累计权重约为 20.44%,前 20 大成分股累计权重约为 31.26%。高市场覆盖率与成分股权重分散的特点决定了该指数有比较好的抗操纵性。(3) 沪深 300 指数成分股行业分布相对均衡,抵抗行业周期性波动较强,以此为标的的指数期货有较好的套期保值效果,可以满足客户的风险管理需求。沪深 300 指数成分股涵盖能源、原材料、工业、金融等多个行业,各行业公司流通市值覆盖率相对均衡。这种特点使该指数能够抵抗行业的周期性波动,并且有较好的套期保值效果。

② 其实,在日本和中国台湾期货交易所尚未推出各自股指期货合约之前,新加坡交易所就在 1986 年和 1997 年先后推出了日经 225 指数的股指期货合约和摩根士丹利台湾指数的股指期货合约。这也造成了日本和中国台湾的本区域内定价权落入了离岸市场的手中,以至于到现在,很多的国际大型机构投资者依旧非常习惯在新加坡交易所进行日经 225 和台湾股指期货的交易。2006 年 9 月 5 日新加坡交易所正式推出以(富时)中国 A50 指数为标的的 A50 股指期货合约。9 月 8 日中国金融期货交易所股份有限公司接盘,2006 年 10 月,上海证券交易所信息网络有限公司就指数的许可权问题起诉了新华富时公司。由于存在着一点的法律风险,很多国际机构投资者也是对新加坡交易所 A50 股指期货心存疑虑。所以 A50 股指期货一直以来的交易量并不是非常大,流动性不是非常好,所以可以说新加坡交易所所抢占中国定价权的图谋,并没有完全成功。

围从原来的商品期货交易扩大到商品、金融期货和期权交易,使得股指期货在法律上取得了名正言顺的合法地位。2007 年的 4 月 25 日,期货公司金融期货经纪业务牌照申请工作正式启动。5 月 8 日,中金所公布《沪深 300 股指期货合约》《中金所交易规则》两项规则及其 8 项实施细则,即日起至 5 月 11 日向社会公开征求意见。6 月 27 日,中金所正式发布《中金所交易规则》及其配套实施细则。此举标志着中金所规则体系和风险管理制度已经建立,金融期货的法规体系基本完备。8 月 13 日,股票现货与股指期货跨市场监管协作制度得以正式建立。当日,在证监会统一部署和协调下,上交所、深交所、中金所、中登公司和保证金监控中心(下称"五方")在上海签署了股票市场和股指期货市场跨市场监管协作系列协议。此举标志着证券、期货监管系统内关于股票和股指期货市场跨市场监管制度即五方监管协作机制的正式建立。

最后,2010 年 1 月 12 日,证监会批复同意中金所开展股指期货交易。同年 2 月 5 日,中国证监会发布《关于建立股指期货投资者适当性制度的规定(试行)》,对股指期货投资者适当性制度的制定实施、风险揭示及监督检查等方面作出规定。该规定自 2 月 8 日起施行。4 月 8 日,股指期货启动仪式在上海举行,当时的中共中央政治局委员、国务院副总理王岐山发来贺词,中共中央政治局委员、上海市委书记俞正声和中国证监会主席尚福林共同启动了股指期货的交易按钮。4 月 16 日,首批沪深 300 股指期货挂牌中金所,当日股指期货累计成交 58457 手,成交金额为 605.38 亿元,总持仓 3590 手,市场运行平稳,从而标志着我国长达 15 年多的股指期货产品的探索与设计工作完美收官,股指期货同股票、债券等证券一样成为我国证券市场可交易的金融产品。

(三)规范与发展时期

自 2010 年 4 月 16 日沪深 300 股指期货上市以来,无论是股指期货市场的成熟度,还是相关的法规政策都向纵深的方向发展。据中国期货业协会统计,按单边计算,2010 年累计成交量已达 4587.33 万手,成交金额更是达到了41.07 万亿元,占 2010 年全年期货市场成交总额的 26.57%,可谓后来居上;2011 年,股指期货累计成交量为 5041.19 万手,同比增长 9.89%,成交金额为43.77 万亿元,同比增长 6.56%,占当年全年期货市场成交总额的 31.83%;2012 年,股指期货累计成交量为 10506.18 万手,同比增长 108.41%,成交金额为 75.84 万亿元,同比增长 73.29%,占当年全年期货市场成交总额的44.32%;2013 年,股指期货累计成交量为 19322.05 万手,同比增长 83.91%,

成交金额为 140.7 万亿元,同比增长 85.52%,占去年全年期货市场成交总额的 52.6%。[①] 与此同时,为保障新生股指期货市场能健康持续发展,我国也陆续制定和出台了用以调整期货市场的 27 部法律法规(如 2007 年 4 月国务院发布的,并于 2012 年 10 月修订的《期货交易管理条例》),部门规章(如 2007 年 4 月中国证监会出台的《期货交易所管理办法》),交易所规则、细则与合约(如中金所 2010 年 2 月出台的《中金所交易规则》)及交易指引(如中金所 2010 年 2 月出台的《股指期货适当投资者制度操作指引》)等。这些法规对我国股指市场的发展及市场参与者利用股指期货进行风险管理的交易行为进行了规范,扩大了股指期货参与机构的范围,从而昭示着我国股指期货市场开始迈上真正的法治之路。[②]

第二节 跨市场交易概述

一、跨市场交易的基础

如前所述,股指期货是在股票现货基础上衍生出来的一种金融合约。这种合约记载的标的是现货市场中具有特定种类或成分的股票指数的组合,因而与现货指数具有很大的关联。因此,尽管股指期货与股票现货分属于两个不同的市场结构,但两者的价格可能因合约中的共同的股票指数而出现同方向的变动。换言之,当某种外在因素导致特定的现货股票指数上涨或下跌时,则期货指数的价格必然随着期货合约交易的带动随之上涨或下跌。进言之,尽管这两个市场价格变动的幅度不一定相同,变动的时间亦不一定同步,但在一般情况下,变动的趋势基本是一致的。并且,随着所有的股指期货合约到期日的临近,特定的股票现货指数与期货指数终将趋于一致。不过,股指期货与股票现货毕竟分属于期货和现货两个不同的市场,两者在诸多方面的差异还

---

① 数据来源于马爽:《期指成交额撑起期市半壁江山,去年中金所或进账 140 亿元》,载《证券日报》2014 年 1 月 20 日,第 B02 版。

② 有关这 27 部法律法规的具体内容,可参见中金所 2010 年 3 月印刷的《股指期货法规及业务规则汇编》。

是十分明显的。

第一，交易对象不同。如前所述，股指期货交易的对象是标准化合约。如我国目前首份股指期货合约交易的对象是沪深 300 股指合约，而股票现货交易的是上市公司在交易所挂牌上市的股票，代表的是公司所有权的有效凭证。

第二，交易机制不同。股指期货采用保证金交易，可以借助部分保证金买入或卖出全部价值的合约。通过这一交易杠杆，投资者既有可能获得数倍于保证金的交易盈利，同时也可能要承担数倍于保证金的交易损失。以我国为例，根据中国金融期货交易所的《中金所风险控制管理办法》第 5 条设定的 10％交易保证金为例：投资者投入 5 万元即可买入或卖出 1 手价值为 50 万元的期指合约，如果期指上涨 10％，多头即可盈利 5 万元，收益率为 100％，但空头却会亏损 5 万元，收益率却为 −100％；期指下跌 10％时多头与空头的盈利状况相反。因此，在这种保证金交易下，期指交易具有较大的风险。而股票现货采用的是全额交易，除了各国有专门允许可以开展融资融券交易的特定股票之外，投资者不管是购买还是出售股票，其账户上必须有足够资金或足够数量的证券，否则就难以为继。由此可见，现货交易的风险是可控的。

第三，交易方向不同。股指期货采用双向交易，投资者既可以买入建仓，也可以卖出建仓，拥有双向的投资机会。而股票现货一般采用的是单向交易，即投资者只能先买入一定数量的股票后才能卖出。① 就此而言，在双向交易机制下，无论股指上涨或下跌，股指期货的投资者都有获利的可能。而在单向交易下，投资者只有在股指（股票）价格上涨时才能获利，如此很容易追涨杀跌，形成跟风投资的羊群效应。

第四，交易对象存续的时间不同。股指期货合约存在特定的到期日。在到期日之前，投资者只能选择提前平仓以了结持仓，而在到期日当日，投资者也只能在对冲平仓、现金交割和申请展期之间作出选择，故投资者持有股指期货的时间相对较短。以沪深 300 股指期货的合约为例，其通常会有当月、次月和随后的季月合约，一般是四个月份的合约同时交易，但每个月都合约交割。这样 3 月、6 月、9 月、12 月四个月份的合约将会成为活跃时间最长、图表连续性最好的合约月份，适合中线建仓。当月合约通常是交易量最大的合约适合

---

① 融资融券推出后，股票现货交易也可以"卖空"，进行"双向交易"，但从各国监管规章的规定看，一国境内的股票现货"卖空"往往存在很多限制，主要包括：首先，并非所有上市的股票都可以成为融资融券的标的，其次，并非所有的证券公司都可以开展融资融券业务，这使得股票现货的双向交易只能限于特定的部分股票。

短线交易。这样的合约设计,如果是季月合约,存续期也仅为四个月;如果是非季月合约,存续时间也仅为两个月左右。而对股票现货而言,只要不被强制退市,理论上,投资者都可以长期持有该股票。

第五,结算方式不同。由于股票交易采用全额交易方式,投资者在买入后直至卖出之前,其账面盈亏无须结算,也不需要投资者追加资金。而期指交易采用基于保证金的比例金额成交方式,保证金账户盈亏金额较期指价格变动的杠杆较大,做错方向而招致保证金减损的投资者应有义务在当日结算后及时追加保证金,消除保证金账户负债状况,否则将面临被强行平仓的风险。

第六,交易时间不同。在各国,股指期货一般先于股票现货交易,并后于现货结束。以我国为例,股票市场场内交易分早上和下午两个时间段,早上是9点半至11点半;下午是1点至3点,而股指期货的交易时间则为早上的9点15分至11点,下午的1点钟至3点15分。也就说,股指期货交易时间通常会比股票现货多半个小时。各国管理层之所以要设置这种交易时间安排,意在便于期货市场能及时地反映和消化股票市场价格变动信息,充分体现前文所描述的价格发现功能,推动现货市场在未开市前能形成一个相对均衡的开盘价格,避免现货市场开市时出现"高开低走"或"低开高走"的价格振荡。同时,投资者也可以根据股指市场的价格变动趋势,结合其股票现货资产及价格情况进行相应的投资策略的调整和套期保值策略的开展。此外,两者的交易结算也存在不同。如在我国,股票现货交易结算时间是 T+1,而股指期货则是 T+0,即"当日无负债结算"。

二、跨市场交易的概念与特征

由于跨市场交易并非是一个严格意义上的学理名词,故学界目前尚无对之做过正面的定义。[①] 依笔者之见,跨市场交易在中国的出现是肇因于股指期货市场的出现与形成。作为一种新生的交易,跨市场交易同证券交易一样,也有广义与狭义之分。就广义而言,但凡所有的涉及股指期货市场的交易都

---

① 需要进一步强调的是,由于本书论及的跨市场是在股指期货兴起的背景下进行的,其特指的是投资者在股票现货与股指期货两个市场间的证券交易,从属于资本市场范畴,与学界在金融业综合化经营背景下所探讨的一般意义上的跨市场概念有所不同。后者通常涵摄资本市场和货币市场,指的是跨银行、证券、保险等不同行业的金融交易,其概念范畴要比本书大得多,本质上是一种混业经营。

可称为跨市场交易,诸如前文提及的发生在股指期货市场上的投机交易、套期保值交易与套利交易等。① 这是因为股指期货作为股票现货的衍生品种,任何有关涉及股指期货的交易都不可避免要与现货市场相关联,或者说以现货市场为载体。就此意义上将之称为跨市场交易并无不当。而就狭义而言,跨市场交易专指通过场内交易所的电子化为平台,以股指期货和股票现货两个市场为基础,分别建立两个方向相反的交易部位进行对冲以实现保值或赚取利差的一种证券交易行为,主要包括套期保值和套利交易两种。② 不过,无论是广义抑或狭义的跨市场交易,笔者认为其均具备以下几个鲜明的特征:

首先,跨市场交易是一种以证券衍生品为对象的证券交易。众所周知,证券是记载并代表一定权利的书面凭证,具有可投资性、权利性、流通性和标准化四个要素。而股指期货作为一种经专业机构设计用以流通的标准化合约,其记载着买卖双方在未来特定时间成交时的权利;即买方有权利按照合约约定的价格在交割日获取一定价值的证券(组合);卖方则在转让对应一定价值证券(组合)的所有权时有权利按照合约约定的价格收取价款。就此而言,股指期货完全具备证券的上述四个要素,可以视为一种支付股利的证券,或者说是在股票这种初级证券基础上衍生出来的一种新型证券,即现在广为流行的衍生证券(Derivative Security)或证券衍生品种。③ 与之相对应,股指期货交易就是一种衍生证券交易。就此意义而言,跨市场交易既可以是衍生证券交易(股指期货交易)本身,也可以是与初级证券市场(即股票现货市场)交易相关的衍生证券交易。

其次,跨市场交易是一种关涉多市场头寸间的自动化交易。这种自动化

---

① 有人认为股指期货投机交易发生在期货市场上,与股票现货无涉,不能归属于跨市场交易的范畴。笔者在上文的分析中已经清楚说明,股指期货是在股票现货指数基础上衍生出来的交易合约,故即使是期货交易,投资者也必须对股票现货市场给予足够的关注,即根据股票现货指数的变动趋势来选择建仓和平仓。基于此,笔者认为股指期货投机交易的基础仍是股票现货市场,而非单一纯粹的股指期货合约买卖,故属于跨市场交易的一种。

② 如果没有特别说明,本书所论均取广义范畴上的跨市场交易。

③ 衍生证券因其价值取决于其他资产的价格而得名,其特点是即期价值依赖于其他更基本的标的(underlying,也称基本的)变量,收益决定于其他资产价格(如债券或股票价格)的合约。我国 2005 年的《证券法》将之称为"证券衍生品种"。

交易有时更多表现为高频交易。① 典型的如股指套利涉及"股指期货—ETF——揽子成分股"之间的跨市场程序化交易、组合保险需要动态的套保组合与股票现货之间的量化投资交易。这种高频交易除了需要借助由高性能计算机程序生成程序化交易、量化交易等订单管理系统（OMS）外，通常还需要强劲的算法交易系统（也称作订单执行系统，EMS）来动态执行买卖指令，将订单拆成若干小单以降低冲击成本与时间风险，搜索潜在交易对手，频繁回转交易或频繁申报并撤销申报来增加收益等。②

再次，跨市场交易是一种迂回化的证券交易。所谓迂回化的交易源自于奥地利经济学家庞巴维克（Bawerk）的"迂回生产理论"。该理论认为迂回生产和迂回交易是一种用土地、劳动力等基本要素生产出中间产品，然后再用中间产品生产出最终消费品的间接交易方式，具有技术上的优越性，可大大提高终端产品的生产和交易效率。③ 具体到跨市场交易，其就是以股指期货这种衍生的交易合约为基础进行标的物即股指成分指数中的特定股票组合的交易。这种交易既延长了这些成分股票的实质交易时间，又使得不同时期人们对于同种同量证券产品的需求和供给变化能体现在交易价格之中，增加了可能的资本回报效率，具有明显的迂回化特征。

最后，跨市场交易通常以机构投资者为交易主体。从理论上说，任何人都可参与跨市场交易，但实践中更多的是机构投资者。这是因为跨市场交易是一种高风险的金融衍生交易，其不仅要求投资者拥有相当数量与份额的资金和头寸，即具有迅速开展大规模融资的能力，而且关键还要求其具有专业的信息筛选与决策能力，而这些都是一般个人投资者所难以具备的。因此，很多国家或地区在推出股指期货交易的初始阶段，一般都是限制个人投资者过多参与市场。即市场交易主体的培育是先机构投资者，后个人投资者。即使有些

股指期货和股票现货跨市场交易监管研究

厦门大学法学院经济法学文库

---

① 所谓高频交易，是指证券机构借助强大的计算机系统和复杂的程序运算，在极短的时间内（毫秒、微妙甚至是纳秒内）自动完成大量订单，从极小的价格波动区间中获得利润。

② 国际上常用的算法交易包括以成交量加权平均价格进行成交，简称 VWAP（Volume Weighted Average Price），以及时间加权平均成交，简称 TWAP（Time Weighted Average Price）。前者主要是指交易者的交易量提交比例要与市场成交比例尽可能吻合，在最小化对市场冲击的同时，获得市场成交均价的价格。后者则是根据特定的时间间隔，在每个时间点上平均下单的算法。

③ 参见赵海怡：《金融衍生品交易风险控制中的制度与法律》，载《河北法学》2009 年第 6 期。

国家在期货市场成熟到一定程度允许个人投资者参与交易,但均从净资产、风险识别能力,知识背景及实战经验等维度对其设置了较高的交易门槛。[①] 而与个人不同,机构投资者具有更强的技术和信息处理能力及投资专业化的管理能力。而且,机构投资者在资产管理业务中常常将跨市场交易(主要是套期保值交易)作为一种避险工具来使用,从而在跨市场交易中占有明显的优势和比重。境外成熟市场的发展表明,股指期货从推出至今主要是为机构的专业避险服务,其交易主体除了部分资金实力较强的个人投资者外,大部分为机构投资者。如根据美国 CFTC 在 2006 年提供的数据,CME 期指交易量占到全美的 81%,其中 CME 机构避险交易占整个期指交易量的 61.3%,非避险大额交易占比只有 7.5%,这与机构投资者持有股市 80% 的市值是基本吻合的。2006 年约有 25% 的美国共同基金使用了衍生品,其中以套保为目的的占比约46%,以投机为目的的占比只有不到 9%。再从全球对冲基金的情况来看,约有 73% 的基金在资产组合中使用了衍生品,约为共同基金的 3 倍,其中对股权类和固定收益类衍生品运用又最为广泛。Eurex 数据显示,2005、2006、2007 年分别有 48%、62%、70% 的共同基金使用了衍生品,2007 年约 2/3 的基金使用线性与非线性回报的衍生品,并且套保是共同基金使用衍生品(包括股指期货)交易的最重要目的。

又如,在香港联交所 2006 年提供的投资者结构数据中,香港机构投资者期指交易占比从 2000 年的 42% 增至 2006 年的 68%,其中机构自营交易占比从 2000 年的 6.8% 快速提升至 2006 年的 21%;随着机构投资者在股指期货交易中占比的逐步提升,投机、套保、套利三者比例已从 2000 年的 78%:8.5%:13.5% 发展为 2006 年的 52%:31%:17%。[②] 日本亦然,如其在1988 年 9 月开发的日经 225 指数期货合约就是专门为机构投资者设置。该期货合约上市 20 多年来,机构投资者的交易份额几乎占到市场交易总量的90%。[③] 所有的这些数据无不证明机构投资者是不折不扣的跨市场交易

---

① 以我国为例,我国要求个人投资者参与股指期货交易,资金门槛要 50 万,通过股指期货知识测试,成绩 80 分以上,且具有累计 10 个交易日、20 笔以上的股指期货仿真交易成交记录,或者之前三年内具有 10 笔以上的商品期货交易成交记录。

② 张晓凌:《股票与股指期货跨市场交易监管研究》,载深圳证券交易所 2008 年博士后研究报告,第 8 页。

③ 参见林雯雯:《中国股指期货市场交易中结构合理化问题研究》,华东师范大学2008 年博士学位论文。

主体。

三、跨市场交易的类型

如上所析,股指期货与股票现货两个市场固有的高度关联性不仅催生了跨市场交易,而且还为其提供了交易的空间与物质基础。在现实中,尽管跨市场交易所采取的手段和表现方式各异,但投资者基本都是围绕着如何利用上述的关联性来实现所管理资产的保值或增值。下面,笔者从投资者交易目的出发,尝试将跨市场交易划分为如下几种类型。

(一)期货投机

投机是指利用市场上商品或金融资产价格的波动而进行的风险性投资行为。具体到股指期货投机,其是指投资者在股指期货市场上以赚取价差收益为目的,并愿意承担价格波动风险的一种买空卖空行为,其实质就是贱买贵卖。概括而言,按操作方法不同,期货投机可分为多头投机和空头投机两种;而按持仓时间长短,则可分为长线投机、短线投机与当日投机三种。一般而言,在期货投机中,投资者会根据对未来价格的预测选择不用的交易部位,只要价格上涨致使收益大于手续费或价格下跌出现对自己持仓方向不利时,投资者都可能主动平仓,以实现获利或止损。由于市场价格变幻莫测,期货投机在期货市场中经常可见。可以说,期货投机交易在给市场带来风险的同时也大大增强了市场的流动性,并减缓了价格的波动,从而为套期保值交易的顺利进行创造了条件。

(二)套期保值

"套期保值"是从英语"hedge"翻译过来的。"hedge"的本意就是"对冲",故套期保值交易又称"对冲交易",即通过期货与现货之间的对冲来达到保值的一种交易类型。套期保值有买入套期保值和卖出套期保值两种。以卖出套期保值为例,投资者预期现货市场要出现下跌,为避免下跌给股票市值带来损失,其会在股指期货市场上卖出与股票组合价值相当的股指期货合约,以锁定投资收益。如果股市下跌,股票市值将会减少,但在股指期货的交易上有盈利,从而弥补股票交易亏损,使投资组合的实际收入保持在期初价格水平。相反,如果股市上涨,股票组合的市值将增加,但期货交易会产生亏损,从而抵消掉现货上增加的收益,使投资组合的实际收入仍维持在期初的水平。可见,与单纯的期货投机交易不同,跨市套期操作之所以能够保值,是因为期货指数和现货指数存在着到期时间的前后不一致,加之它们的价格变动受相同的经济

和非经济因素影响,且股指期货到期日是根据现货指数确定交割价格,故而使市场存在两者不一致时就能出现无风险套利的机会。一言以蔽之,套期保值交易的目的是利用期货价格和现货价格同向运动的特征,在两个市场同时进行反方向的交易,其出发点和落脚点均在股票现货,重点在于保值而非增值。

(三)期货套利

套利是指人们利用市场上两个相同的或相关资产暂时存在的不合理价差关系,同时分别买进和卖出这两个相同或相关的资产,并等这种不合理的价差缩小或消失后,再进行相反方向的交易以赚取差价收益。[1] 具体到股指期货套利,是针对股指期货与标的现货指数之间,或者是股指期货不同合约之间的不合理价格关系,进行的数量相同、方向相反的交易操作。以我国为例,虽然期货指数(沪深 300 股指期货)和现货指数(沪深 300 指数)是非常相近的商品,维持一定的动态联系,但因为交易群体不同,有时两者会产生严重的价格偏离,当这种偏离超出一定的范围(无套利价差区间的上限和下限),即价差过大时,[2]就必然会产生套利机会。为此,投资者就可利用这机会,在相关市场通过买进低价资产卖出高价资产,待两个市场的价差重新恢复到正常价差水平后再进行方向相反的交易,从中获利。可见,套利交易是以价差变动预期为基础,其获利来自于对不合理价差的发现和利用,从而有助于期货价格与现货价格之间合理价差关系的形成,促进现货市场价格走势趋向平稳,形成相对合理的市场估值水平,更好地实现股指期货的价格发现功能。

四、跨市场交易的具体策略和操作方式

(一)套期保值策略

运用股指期货进行股票资产的套期保值,是 20 世纪 80 年代初股指期货在美国堪萨斯期货交易所(Kansas City Board of Trade,KCBT)推出的最初动机,也是股指期货最主要的市场功能。从成熟市场经验来看,机构投资者主要运用跨市场套保策略管理投资组合的市场风险和流动性风险。

---

[1] "套利"这两个字其实经常出现在我们日常生活中,一点也不晦涩。例如一位小朋友在超市看到 1 包方便面 2 元,对比学校小卖部要价 2.5 元便宜。于是,他买了 10 包方便面到学校卖给同学,每包赚 5 毛钱,这就是最简单的套利。

[2] 这边的价格差异够大,就是指两者之间的价格差距比套利交易的成本还大。

1. 根据基差、套保比率、动态贝塔系数(beta)实施跨市场套期保值

从套期保值的原理不难看出,套期保值实际上是用基差风险替代了现货市场的价格波动风险,[①]因此从理论上讲,如果投资者在进行套期保值之初与结束套期保值之时基差没有发生变化,就可能实现完全的套期保值。

在多头套期保值中,由于是在套期保值结束时买入股票组合,当基差趋弱(即股指相对于期指走弱时),股票组合"有效"买入价格会下降,跨市投资者就会因买入成本减少而获利。在空头套期保值时,因为是在套期保值结束时卖出股票组合,当基差趋强(即股指相对于期指走强时),股票组合"有效"卖出价格就会提高,投资者会因现货卖出价格较高而盈利。因此,基差变化对套期保值的有效性影响较大。然而,基差的变动毕竟比期货价格和现货价格各自的波动率要相对稳定一些,并且基差的变化也主要受制于持有成本,跨市投资者就可以通过动态追踪基差来提升套保交易效率。

如前所述,期指价格往往引导股票价格走势,期指市场与股票市场也并不是完全同方向同幅度变动,因此,在期指波动率大于股票的情形下,为了提高跨市场组合的套保效率(HE),就必须精确测算套保比率(或避险比率)。目前较为通行的方法是利用套保前后的标准差作为衡量组合风险的大小,进而求得风险最小化情况下的套期保值比率。[②]

以空头套期保值为例,投资者以期指空头对冲股票多头风险时,设套期保值期限为 $t-1$ 时刻到 t 时刻,则在套期保值期末投资者持有的套期保值组合的收益率为: $R_{(t,s)}-H_R R_{(t,f)}$ ($R_{(t,s)}$ 为套保期内现货指数的收益率; $R_{(t,f)}$ 为套保期内股指期货的收益率; H_R 为套期保值比率)。则套期保值组合的方差为: $\mathrm{Var}=\sigma_s^2+H_R^2\sigma_F^2-2H_R\rho\sigma_s\sigma_F$ (σ_s 为现货指数收益率的标准差即股指收益率的波动率; σ_F 为股指期货收益率的标准差即期指收益率的波动率; ρ 为期货收益率与现货收益率的相关系数; H_R 为套期保值比率);接下去,求出组合方差(Var)关于套期保值比率(H_R)的一阶和二阶偏导数,Var 最小时的 $H_R=\rho\sigma_s/\sigma_F$ 即为跨市场组合风险最小的套保比率。则期指合约数=$H_R\times$需套保现货

---

① 基差是指股票指数价格与股指期货价格的差值。从某种意义上而言,套期保值是将股票价格变动的风险转化为基差风险。

② 根据现代投资理论,可以运用两种方法来确定套保比率:第一种方法是同时考虑保值组合(hedged portfolio)的风险和收益。第二种方法是忽略收益而仅仅考虑风险,即寻找一个具有最小风险的保值组合。由于第一种方法需要利用到投资者的效用函数,很难准确地描述投资者的效用函数曲线,因此在实践中广泛使用的是第二种方法。

市值/(选择的期指合约当前价格×合约乘数)。所谓动态贝塔系数(beta)[1]套期保值,就是在每一交易日,根据当天的个股行情,计算股票组合的 Beta 值,然后再根据当日该股票组合的市值和股指期货价格,测算出当天需要用来进行套保的期货头寸,之后再在期货市场上对该期指头寸进行动态的调整,以达到更好的套保效果。

综上,股票组合的 Beta 系数计算公式为:$\beta = X_1\beta_1 + X_2\beta_2 + \cdots + X_n\beta_n$,其中 X_i 代表第 i 只股票的资金比例,而 β_i 为第 i 只股票的 Beta 系数。根据当前时点股票组合市值和 Beta 系数,则可以测算出所需的期指合约数,计算公式为:期指合约数=组合的 β×现货组合总市值/(期货指数点×每点乘数)。

2. Alpha 交易策略

按照资本资产定价模型(CAPM),股票 i 预期收益的一般表达式为:$E(r_i) = \alpha_i + r_f + \beta_i[E(r_m) - r_f]$,其中:$E(r_i)$ 是股票 i 的预期收益;α_i 是股票 i 的超额收益;r_f 为无风险年利率;β_i 是股票 i 相对于市场指数的 β 值;$E(r_m)$ 是整个股票市场的预期收益率。这一表达式可以推演至股票组合的情形,股票组合的预期收益就表示为:

$E(r_p) = \alpha_p + r_f + \beta_p[E(r_m) - r_f]$,其中:$E(r_p)$ 是股票组合的预期收益;α_p 是股票组合的超额收益;r_f 为无风险年利率;β_p 是股票组合相对于市场指数的 β 值;$E(r_m)$ 是整个股票市场的预期收益率。CAPM 的原理是将投资组合收益分为两部分,一部分是因承受系统性风险所享有的贝塔收益,另一部分是因承受非系统性风险所享有的阿尔法收益。Alpha 交易策略就是寻求具有超额收益阿尔法的投资组合,并利用股指期货空头将组合的贝塔风险即系统性风险抵消掉,从而获得超额的阿尔法收益。

从 CAPM 出发,Alpha 交易策略就适用于"择股"与"选时"有效分离的股票组合风险管理。其原理在于,跨市投资者通过指数合约空头部分或全部对冲股票组合的系统性风险,使 β_p 合乎预定的市场风险暴露程度或趋近于零,由此,跨市投资者的投资组合收益将是无风险利率加上选股能力带来的额外收益,并且其风险仅仅是所选股票组合的非系统性风险。换言之,在投资组合中利用股指期货的避险功能,可以将股票资产的 beta 风险与收益(股市系统性风险收益)进行部分或全部剥离,从而获取 alpha 风险与收益("择股"超额

---

① beta 值是用来衡量股票指数变动时各股票价格变动的敏感程度。股票的 beta 值是股票收益率与市场平均收益率的标准协方差,而股票投资组合的 beta 值是组合中各股票 beta 值的加权平均数。

风险收益）。因此，该策略可以在隔离"选时"风险的同时承担市场方向性风险和"择股"风险。

在实践中，Alpha 交易策略可分为 Alpha 套利策略和可转移 Alpha 套利策略。Alpha 套利策略适用于熊市、震荡市或牛市的短中期下跌阶段，其在构造具有 Alpha 收益的现货组合[①]的同时，根据套保比率建立期指空头来对冲 beta 风险，并动态监控 Beta、持续调整期货空头头寸，实现 Alpha 与 Beta 的分离。可转移 Alpha 套利策略适用于牛市阶段或熊市的短中期上涨阶段，其在保持原有资产组合系统性风险不变的同时，增加组合的积极超额收益，从而弥补 Alpha 套利策略在牛市阶段无法享受市场整体上扬带来的收益的缺陷。可转移 Alpha 的特点在于需分别构建内嵌 Beta（embedded beta）的 Alpha 组合、复制基准指数的 Beta 组合[②]，使投资组合的目标 Beta 暴露等于内嵌 Beta 与基准指数 Beta 之和，再动态监控 Beta、持续调整 ETF、期指头寸，促使套利组合更好地满足预定的市场暴露同时确保 Alpha 收益的有效获得，因此，可转移 Alpha 套利策略应归入下文所述的跨市场风险管理行为。Alpha 套利策略和可转移 Alpha 套利策略的主要区别如表 1-2 所示。

表 1-2　Alpha 套利策略和可转移 Alpha 套利策略的主要区别

	Alpha 套利策略	可转移 Alpha 套利策略
适用市场阶段	熊市、震荡市或牛市的短中期下跌阶段	牛市阶段或熊市的短中期上涨阶段
风险、收益特征	1. 对冲系统性风险的基础上获取超额收益； 2. 获取绝对收益	1. 追求系统性风险的同时获取超额收益； 2. 获取相对收益（战胜市场基准收益）
风险、收益比较基准	无风险收益	市场基准收益

从期货交易所套期保值管理实践来看，跨市投资者在上报的 Alpha 交易套保方案中，应当申明，其将在每一交易日或预定期间，根据股票组合的动态

---

①　可以通过以基本面分析为主的选股策略也包括动量策略、轮动策略等一系列数量化选股策略优选股票组合获取 Alpha，也可通过优选综合绩效较高的基金品种构建组合或利用封闭式基金的折价率优势寻找 Alpha 来源。

②　可以通过 ETF 或指数期货来构建。

β_p 系数,动态地调整期指合约空头来充分消除股票组合的价格变动风险,确保股票现货头寸的选股产生的超额风险收益(α 风险收益)。

3.现金证券化(cash equitisation)策略

从境外成熟市场经验来看,为防范申购赎回机制对基金形成较强的现金流冲击,基金经理就必须动态设定基金中现金和证券持仓比例的变化以满足流动性要求,但快速的市场交易操作会产生较大的市场冲击成本,延迟市场交易操作虽能降低市场冲击成本却会产生"现金拖累"(cash drag)或时滞成本。股指期货和创新交易方式的引入,可以重组交易决策在时间和空间维度上的分布,将现金流冲击引致的集中交易决策分散化,从而在降低冲击成本和时滞成本的前提下实现有效的流动性管理。现金证券化策略经常被基金管理公司使用,特别适用于申购、赎回现金流量不确定性较高时的基金股票组合流动性管理。具体而言,当基金面临净资金流入预期时,基金经理可以先增持指数期货合约多头,再根据现金流入情况迅速增持股票资产,这样就可使新流入的资金迅速获得市场风险暴露,待股票组合建仓完毕再伺机平掉指数期货合约多头。快速建仓在减少时滞影响的同时承受了较高的冲击成本,但股指期货多头的盈利能够有效对冲这一建仓冲击成本。由此,净申购推动的基金建仓行为得以在较低冲击成本下完成。基金面临较强的净资金流出预期时,基金经理可以首先借入现金或动用现金留存,使资产组合的现金比例符合法定要求。① 为了在市场上涨阶段持有尽量少的现金来获取最大限度的收益,在市场下跌阶段尽量减少因持有(基金契约规定的)最低股票仓位的净值损失,基金经理还应根据市场上涨或下跌预期采取不同的策略。

在上涨预期强化阶段,基金经理可以现金先行买入指数期货多头(合约价值不超过基金资产净值的10%),利用其杠杆效应继续获取股市上涨收益,同时逐步出售股票,使股票空头大致能对冲期指多头的风险,发生赎回时,以出售股票金额支付赎回款,然后再根据市场情况将用以套保的期指多头头寸展期或平仓。在市场下行预期强化阶段,基金经理在被迫保有最低持仓的情形下,可以迅速建立期指合约空头(合约价值不超过基金资产净值的10%),与尚未出售的股票资产多头一起构成低风险或无风险的跨市场组合,发生赎回

---

① 根据我国《证券投资基金运作管理办法》第28条的规定,开放式基金应当保持不低于基金资产净值5%的现金或者到期日在1年以内的政府债券,以备支付基金份额持有人的赎回款项。

时,基金可以不立即抛售股票,而采取先卖出股指期货,然后逐步变现股票的策略,以对冲期间卖出股票所导致的价格下跌风险。

综上分析可知,股票组合的风险敞口规模是跨市场套保行为的基础,跨市场投资者并据此配置相应的反向期指头寸。从境外机构投资者的实践来看,引入股票组合在险价值(Value at Risk,VaR)计算方法,有利于精确地测量股票组合市场风险,并进而确定期指合约套保规模。VaR是指在正常的市场条件下,某项投资或投资组合在给定的置信水平下和确定的持有期内预期的最大损失。尤其在跨市场投资者只是部分对冲股票组合风险的情形下,基于VaR的套保策略有利于锁定投资资源分配时的极端损失。

(二)套利交易

前已述及,与套保策略所具有的转移、管理风险功能不同,套利交易可以实现价格发现功能,即通过套利交易决定的期货均衡价格来更好地引领现货价格变动,促使现货市场形成平稳走势,形成相对合理的市场估值水平。套利的经济学原理为"一价定律"。也就是说,在竞争性的市场上,如果两个资产是等值的,它们的市场价格将趋向一致。根据金融工程的无套利定价方法,若构建两个投资组合,让其终值相等,则其现值一定相等,否则会引发套利,即卖出现值较高的投资组合,买入现值较低的投资组合,直至两个组合的现值相等。套利交易有两种基本的类型,一是在期货与现货之间的期现套利(spot-futures arbitrage)[1],二是在不同的期货合约之间的套利——价差交易(spread trading)。[2]

由于股指期货在交割时采用现货指数,这就使得期指运行将呈现最终收

---

[1] 期现套利是指当套利交易者认为股指期货价格和现货价格暂时性处于"无套利区间"之外时,套利交易者通过买进低价资产卖出高价资产,待期、现货之间的价差重新恢复到正常价差水平后再进行方向相反的交易。

[2] 价差交易又可分为市场内价差交易(intra-market spread trading)、市场间价差交易(inter-market spread trading)、跨品种价差交易(inter-commodity spread trading)。市场内价差交易即是同一交易所同一品种的不同交割月份合约(如 IF 0712 和 IF 0801)之间套利。市场间价差交易是指不同交易所上市的同一品种、同一交割月份的合约,如日经225指数在日本、新加坡和美国都有交易,投资者则可以在三地交易所之间进行同一交割月、同一品种的套利。跨品种价差交易是指在具有相同交割月份但不同指数的合约之间进行的价差交易,这类交易通常要求两个指数具有一定的相关性,并且相关系数越大越好。参见李俊:《股指期货市场套利概述》,中原证券研究所研究报告,2007 年 12 月 25 日。

敛现指的趋势,而且也会使得正常交易期间,期指与现指维持一定的动态联系。[①] 在各种因素影响下,期指起伏不定,经常会与现指产生偏离,当这种偏离超出一定的范围时,就会产生套利机会。当期价高估时,买进现货,同时卖出期货,通常将这种套利称为正向套利;当期价低估时,卖出现货,同时买进期货,这种套利称为反向套利。交易者可以利用这种套利机会从事套利交易,获取无风险利润,如图 1-1 所示。

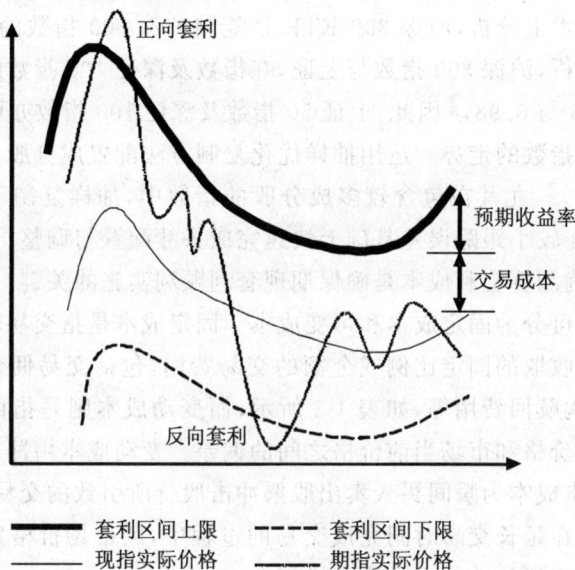

图 1-1 期现套利示意图

期现套利的利润空间源自指数期货与现货之间的不合理基差。投资者在期现基差不合理增大时实施正向或反向套利,在基差收敛时即可平仓获利。只有理论上的套利利润高于套利成本,期现套利才有利可图。因高估套利成本将导致套利机会丧失,而低估套利成本则可能造成套利损失,因此,期现套利策略需借助自执行的交易系统(trading system through automatic execution)实现动态的套利成本管理。

期现平价公式 $F_t = S_t e^{(r-q)(T-t)}$ 给出了理论上的、均衡的期现相对价格关

---

① 根据《中金所结算细则》第 69 条、第 70 条的规定,股指期货在交割时采用以现货指数为基准的现金交割,这一方法不但具有强制期指最终收敛于现指的作用,而且也会使得期指与现指之间始终维持一定的动态关系。这就为股指期货期现套利策略提供了法律依据。

系,其中股指现货通常以一揽子成分股现货组合或指数型基金来复制、拟合,一旦交易系统捕捉到股指期货与现货组合之间的价格失衡时机,即可自动测算出套利理论利润,如果高于动态的套利成本,程序化的期现套利交易将得以执行。

首先,构建能有效复制标的指数的股票现货组合是实施期现套利的前提。从境外成熟市场实践来看,构建现货组合的首选是配置 ETF 产品或 ETF 产品组合。从技术上分析,沪深 300 ETF 是复制沪深 300 指数的最佳选择,但根据相关性分析,沪深 300 指数与上证 50 指数及深证 100 指数的相关关系分别达到了 0.96 与 0.98,[①]因此,上证 50 指数及深证 100 指数亦可以非常好地拟合沪深 300 指数的走势。运用抽样优化复制方法配置成分股是构建现货组合的次优选择。[②] 尤其在包含较多成分股的指数中,抽样复制不仅交易成本较低,而且能在较小跟踪误差基础上快速完成头寸配置与调整。

其次,精确测算套利成本是确保期现套利顺利实施的关键。在实务中,实时的套利成本可分为固定成本和可变成本。固定成本是指交易时根据交易量或者交易次数收取的固定比例或金额的交易费用,包括交易佣金、印花税、过户经手费、申购赎回费用等,如表 1-3 所示,而变动成本则是指由于流动性的原因导致成交价格和市场当前价格之间的偏差。变动成本由冲击成本和等待成本组成,冲击成本为瞬间买入卖出股票冲击股价所引致的交易成本增加,而等待成本是指在延长交易时间完成交易的过程中,因市场价格发生不利变动而偏离预期价格所导致的交易成本增加。

固定成本可以通过交易量或者交易次数来预先确定,在套利过程中并不存在较大的变数。变动成本为市场流动性状况所引发的交易成本,因此和交易的资金规模有较大的相关性,对于一个较小的交易量来说,可以按照市场上的最近价格进行买卖,这个价格可能等于或者接近市场当前价格,此时冲击成本较小甚至不存在,而且没有等待成本。但对于期现套利者而言,交易规模通

---

① 中金所产品开发组:《股指期货产品设计草案》,2006 年 5 月。

② 指数复制方法包括完全复制(full replication)和不完全复制(优化复制,optimized replication)两大类。优化复制进一步区分为优化抽样复制(optimized sampling replication)和分层抽样复制(stratified sampling replication),前者是单阶段优化法,即抽样与权重优化同时进行,后者是两阶段优化法,即第一阶段抽样,第二阶段优化配置权重。实践证明,分层抽样复制不仅跟踪误差小,还能快速完成股票组合构建。参见招商证券研究报告:《期现套利交易研究》,2007 年 11 月 26 日。

常较为庞大,在套利机会出现的时候,套利品种的当前价位上的流动性可能无法满足套利需要,因此套利者需要提高买价或降低卖价来执行当前套利品种买卖,套利者就只能通过承受冲击成本来完成头寸布局。如果套利品种的流动性较差,套利者在短时间内不能完成套利头寸的交易,那么套利者必须延长交易时间,由于等待时间的增加,市场价格发生变化,造成了等待成本的产生。

从期现套利示意图可知,当期货价格超越无套利区间上限(指数现货价格＋预期年化收益率＋交易成本)[①]时,进行正向期现套利即卖空股指期货买入现货,若期货价格低于无套利区间下限时,可进行反向期现套利即买入股指期货卖空现货。不过就我国股指期货市场目前的情况看,反向套利实现的难度较大,通常交易的都是正向期现套利。

表 1-3　上交所 A 股和 ETF 固定交易成本

（单位：BP）

投资者类型	交易品种	佣金	印花税	过户费	经手费	证管费	合　计	
券商	A 股	N. A.	10	0.6	1.1	0.4	12.1	12.95
	ETF	N. A.	N. A.	N. A.	0.45	0.4	0.85	
机构	A 股	8	10	0.6	1.1	0.4	20.1	28.95
	ETF	8	N. A.	N. A.	0.45	0.4	8.85	

深交所 A 股和 ETF 固定交易成本

（单位：BP）

投资者类型	交易品种	佣金	印花税	经手费	证管费	合　计	
券商	A 股	N. A.	10	1.475	0.4	11.875	12.95
	ETF	N. A.	N. A.	0.975	0.4	1.375	
机构	A 股	8	10	1.475	0.4	19.875	28.95
	ETF	8	N. A.	0.975	0.4	9.375	

---

①　根据期货定价的持有成本模型,期货价格＝现货价格＋持有成本－持有收益,其中持有成本涵盖了持有现货的机会成本(持有现货的预期收益率)和交易成本;撇去持有收益不论,理论上的期货价格＝现货价格＋持有现货的预期收益率＋交易成本。因此,在投资者确定预期收益率的情况下,即可确定套利区间上限。

第三节　跨市场交易对期现两市的影响

从产品经济本质和产品定价来看,股指期货是股票价格指数的衍生品,而股票指数是市场上整体或部分股票市场价格总体水平及其变动情况的指标,因此,股指期货市场与股票市场联系密切,可视作"同一市场",符合"一价定律"[①]。概括起来,两者间的关联关系主要体现在以下几个方面:(1)期货和现货市场波动率的相互影响;(2)期货和现货市场的信息效率关系;(3)期货对现货价格影响的非对称效应;(4)期货和现货市场间的价格发现机制。而就国内市场而言,股指期货市场相对于现货具有较强的价格发现能力,在信息传递中居于主导地位,是价格发现关系中的主要贡献力量,而且这种关联关系同两者间的价格趋同性成正比。已有的研究结论表明:自我国 2010 年 4 月股指期货上市以来,期现货间的价格趋同性逐渐加强,价格相关系数不断提高。期指当月合约和沪深 300 指数收盘价自期指上市以来两者按月计算的相关系数均在 97% 以上,最高达到 99.706%。而由于股指期货市场的交易增加了整个市场反映信息的含量,再加上我国股指期货"T+0"的交易规则相对于现货交易的优势,股指期货的价格发现功能随着市场的不断发展也在不断增强。利用股指期货进行套期保值和期现货间套利的效率也在不断提升。这些变化又进一步增强了股指期现货间的关联关系。[②] 下面,笔者将从期货与现货的平价关系及其市场信息反映关系两个维度来分析跨市场交易引发的股票市场与期指市场的联动关系。

一、深化股票现货与股指期货的价格联动

股票现货与股指期货虽然在不同的市场交易,但是由于具有等价资产报

---

① "一价定律"认为,在竞争性的市场上,如果两个资产是等值的,它们的市场价格应该趋向一致。因为一旦存在两种价格,就会出现套利机会,大量的套利者通过卖出高估值资产,买进低估值资产进行套利,其结果会导致等值的资产价格基本趋于一致。

② 韩复龄、范泰奇:《股指期货与股票现货间关联关系的动态研究》,载《价格理论与研究》2013 年第 12 期。

酬的时间关系,若市场内有新信息产生,则两者的市场价格则存在同时同向变动的联动关系,且任一市场的价格变动应不至于领先或落后另一个市场反应的新信息。但从 20 世纪 80 年代以来,许多实证研究却发现:股指期货市场比股票现货市场能更快地获得市场信息,股指期货的价格变化要领先于现货市场,也就是说股指期货有价格发现的预期作用。[①] 而这种价格的预警作用在影响因素又不完全相同情形下,其变化幅度并不完全一致。由于期货相对于现货的理论价格是"理论基差"的来源,故下面,笔者用"基差"(现货价格－期货价格)来描述现货价格与期货价格之间的联动关系。

根据金融工程的无套利定价方法,若构建两个投资组合,让其终值相等,则其现值一定相等;否则会引发套利,即卖出现值较高的投资组合,买入现值较低的投资组合,直至两个组合的现值相等。假设在当前(t 时刻)同时构建两个投资组合,到期日为 T 时刻。其中组合 A:一份期货合约多头加上一笔数额为 $Ke^{-r(T-t)}$ 的现金,K 为期货合约的交割价格,f_t 是 t 时刻期货合约的价值;组合 B:$e^{-q(T-t)}$ 单位标的资产并且所有收入都再投资于该标的资产,q 为该资产按连续复利计算的已知收益率。

到期时,组合 A 在 T 时刻的价值等于一单位标的资产。组合 B 拥有的标的资产的数量则随着获得红利的增加而增加,在时刻 T,正好拥有一单位标的资产。因此在 t 时刻两者的价值也应相等,即 $f_t + Ke^{-r(T-t)} = S_t e^{-q(T-t)}$,$f_t = S_t e^{-q(T-t)} - Ke^{-r(T-t)}$。那么,期货合约多头价值($f_t$)等于 $e^{-q(T-t)}$ 单位标的资产的贴现值与交割价格的贴现值之差。按照现货—期货平价定理(Spot－Futures Parity Theorem),当前(t 时刻)期货价格 F_t 就是使期货合约价值 f_t 为零的交割价格,那么,在以上等式中,$f_t = 0$,$K = F_t$,故 $F_t = S_t e^{(r-q)(T-t)}$。即 t 时刻的期货价格等于按无风险利率与已知收益率之差计算的现货价格在 T 时刻的终值。

由于交易所并不挂牌交易股指现货,跨市操作的机构投资者通常运用"复制"技术来拟合现货指数,即通过构建一揽子权重成分股现货组合或指数型基金(ETF)来动态拟合、跟踪股票现货指数。由此得出,股指期货的理论价格将等于股票指数在股指期货合约期间的无风险收益(即持有成本),减去持有期

① 如在 2007 年 4 月 19 日,沪深 300 指数大幅下挫 4.67%,而股指期货仿真交易前一天就已经做出调整,做出准确预期。虽然 2007 年 4 月 8 日沪深 300 指数上涨 20.96 点,但仿真交易合约却均以阴线报收,仿真交易 5 月合约收盘大跌 3.4%。仿真交易的提前预警,让许多参与其中的投资者提前做出了调整,初步尝到了参与股指期货的甜头。

间内复制股票指数的股票组合获得的股息收益。影响股指期货理论价格的因素有三个:标的股票指数价格、无风险收益率和股票组合的股息率。当扣除了股票组合股息收益率的影响后,持有成本对股票指数与股指期货之间的基差具有决定性的影响。

在多数时候,无风险收益率要高于现货指数的股息率,因此在股指期货到期之前,股指期货的价格理论上要超过现货股票指数价格,即"理论基差"为负值。然而,因为股指期货价格在很大程度上体现了市场对未来走势的预期,所以"实际基差"和"理论基差"相距甚远。特别是在现货股票指数由上升趋势反转前后或者股票指数处于暴跌行情时,股指期货价格会因投资者看淡市场而低于标的指数价格,从而使基差为正值。此外,在股票指数趋势反转期间,基差的波动也非常剧烈。

二、推进股票现货与股指期货运行的互动

若对期货基本定价公式 $F_t = S_t e^{(r-q)(T-t)}$ 进行变换,可得 $S_t = F_t e^{-(r-q)(T-t)}$。从经济本质来看,由于期货是标的资产的衍生品,其价格应取决于标的资产的当前价格 S_t,并随着 S_t 的变化而变化。在实际运行中则应体现为股票与期指市场同时对新的信息做出反应。然而,由于以下两方面原因的存在,股指期货价格的变动通常超前于股票现货价格的变动。

第一,股指成分股中小盘股成交量较小,它们的价格走势和均衡价格通常难以实时反映市场基本面改变,这就造成股票现货指数不能充分反映股票市场的变动(欧美期货监管实践中称作"stale")。与之形成鲜明对比的是,股指期货市场在新市场信息冲击下,将会通过迅速(通常"一步到位")调整市场均衡价格的方式,来充分反映股指预期,其变动自然具有充分的超前性。

第二,股指期货具有低交易成本、高交易杠杆和高流动性等特征,适于投资者快速调整投资持仓来应对新信息冲击。从全球交易所期现货交易实践来看(见表1-4),指数期货交易金额占比通常较高,指数期货的流动性也较高。在高流动性的基础上,再加上保证金交易的杠杆效应,以及杠杆交易衍生而来

的低交易成本,使股指期货反映新信息冲击的绩效远超股票市场。大量实证研究表明,[①]当期货市场发展较为完善,期货市场价格将在应对新信息中迅速形成新的均衡价格,然后才传达至股票市场,从而使得 F_t 反过来具有引领 S_t 价格变化的"价格发现功能"。

表 1-4　　2006 年世界各交易所期货与现货交易比例

单位:亿美元

国家(地区)	股票交易金额	指数期货交易金额	指数期货占比
美国	248201	241471	97%
墨西哥	567	614	108%
加拿大	9005	2459	27%
巴西	1653	883	53%
印度	4737	2798	59%
中国香港	4643	9873	213%
中国台湾	5854	6887	118%
韩国	12107	29835	246%
日本	46982	35789	76%
Eurex(德国、瑞士)	29062	41545	143%
南非	2018	2156	107%

来源:深圳市平安期货经纪有限公司。

三、扩大股票现货与股指期货的资金互动

股指期货与股票现货共处在一个金融市场体系中,彼此间资金互相流动是正常的。短期而言,由于股价指数期货与现货股票常存在着某种程度的替

---

① 参见 Ollerman, C. O. , and P. L. Farris, Futures or Cash: Which Market Leads Live Beef Cattle Prices, *The Journal of Futures Markets*, 1985, 5:529~538; Pizzi, M. A. , Economopoulos, and H. M. O'Nell, An Examination of the Relationship between Stock Index Cash and Futures Markets: A Co-integration Approach, *The Journal of Futures Markets*, 1998, Vol. 18, No. 3, pp. 297~305.

代性,股指期货于上市初期可能会对现货市场产生资金排挤效应,尤其是重视指数的基金经理人及部分投机者,会将部分资金转往股指期货市场。但就长期而言,二者也存在着某种程度的互补作用。由于股价指数期货提供了避险途径,投资者在市场风险较能掌控的情况下,投资股市的意愿也会增加。从整体和长远看,股指期货的开展则会促进现货市场的交易活跃与价格合理波动,吸引更多的增量资金,从而推动股市更加繁荣和健康发展。此外,股指期货的推出将加大股市现货的资金配置结构,使资金大量向股指成分股即蓝筹股倾斜,从而推动指数成分股的价格上涨,而其价格的上涨又会吸引大量散户跟进,进一步加剧股价的上涨。于是,那些非成分股活跃程度会日渐萎缩,小盘股的派动性将会逐渐丧失,慢慢地被边缘化。因此,股指期货的推出将使市场经历一场优胜劣汰的结构调整,大盘蓝筹股进一步得到优化,而小盘股则会相对被削弱。不过,从长期来看,随着现货市场信息传导机制的加强,程序化交易、套利交易等交易方式的存在使小盘股的价格不可能偏离基本价值太远。因为如果股指价格高估或者低估,立即会有套利者做出反应,将其价格拉回到合理的水平,所以,股票现货与股指期货的资金互动频率扩大的结果是使得股市的定价效率得到提升,促进股市更为完善和成熟,投资者更趋理性,股价不正常的暴涨暴跌现象也因此得到遏制。

第四节 跨市场交易的风险类型与特征表现

一、一般衍生交易的风险类型

风险和收益是一对孪生兄弟。根据巴塞尔委员会(BCBS)和国际证监会组织(IOSCO)1974 年 7 月 26 日联合发布的《衍生产品风险管理指引》中的经典分析,金融衍生品的交易风险可分为市场风险、信用风险、流动性风险、操作风险和法律风险五种。

(一)市场风险

市场风险又称价格风险,是指因基础资产变动即股票指数大小变动而导致整个股指期货合约价格或价值下降而给交易带来的风险。这种风险是最为经常和普遍的,它存在于每一种金融衍生品交易过程中。这是因为,任何金融

衍生品交易,都是建立在对基础金融产品价格变化的预测基础之上的,当实际价格的变化方向或波动幅度与预测出现背离时,就会给交易者造成相应的损失。当然,在跨市场交易中,不同交易者面临的市场风险不尽相同。对于套期保值者而言,其参与股指期货交易的目的就是要管理和规避市场风险,故而市场风险相对较小;而对于投机交易者而言,其参与股指期货交易的目的就是要以较小的成本获取高额的利润,故而愿意承接套期保值者转移过来的股票市场价格风险,市场风险较大。一旦判断失误或在操作中出现差错,在股指期货高杠杆效应的作用下,必然发生极大的损失。总体而言,股票现货市场的价格波动越大,则跨市场交易行为的市场风险也就越大。

（二）信用风险

信用风险又称交易对手风险或履约风险,指的是跨市场交易一方不履行股指期货合约而给另一方造成损失的可能性。跨市场交易中的信用风险跟一般意义上的金融信用风险有很大的不同。如在借贷业务中,只要借方出现财务危机,如破产或无力清偿时,贷方就会出现损失。而跨市场中信用风险的形成条件则要复杂得多,不仅同样需要交易对手因为财务危机出现违约,而且还要求在合约剩余期限内,违约方的合约价值为负值,或者非违约方合约价值为正值。只有同时满足这两个条件,违约方不履行合约才会给对方造成损失。由此可见,在跨市场交易中,信用风险的大小与期货合约期限长短有着密切的联系,一般来说合约的期限越长,信用风险越大。此外,对于同一期限的合约来说,其信用风险也会随着时间的推移而不断发生变化,即信用风险会随着合约期限的不断临近而呈现出递减的趋势。

（三）流动性风险

流动性风险是指由于缺乏交易对手或者由于交易者流动资本不足而无法履行合约,从而造成损失的可能性,主要包括两类风险:一是与市场状况有关的市场流动性风险;二是与资金状况有关的资金流动性风险。前者是指市场交易量不足或找不到相关的交易对手而导致投资者无法变现或平仓,遭受损失。后者是指交易对手因为流动资金不足,造成合约到期时无法履行支付义务而被迫申请破产,或者无法按合约要求追加保证金而被迫平仓,从而造成巨额亏损的风险。在跨市场交易中,制造资金流动性风险通常是投机者操纵市场的重要手段,如多头逼空头或空头逼多头,一旦空方主力严重违规,将会使

无数多头面临爆仓的危险。[①] 可以说,流动性风险是一种综合性风险,它是其他风险在投资者整体经营方面的综合体现,比如,市场风险和信用风险的发生不仅通过影响资产价格和收益导致流动性风险,而且可能引发金融恐慌,进而导致整个系统的流动性缺失。

(四)操作风险

操作风险是指金融衍生品交易过程中,由于信息系统、内部控制机制的不完善或人为操作错误等原因造成损失的风险。操作风险既有来自技术方面的原因,也有来自人为的原因。前者是指投资机构内部因通信线路故障、计算机系统故障、管理模型定价偏差、风险系数不准等引发交易不能执行或交易执行错误给交易主体带来的不可预见的损失;后者是指交易人员非故意的操作失误或故意不遵守交易规则、持仓限额、止损点的规定,以赌博的心态进行的投机交易。在很多情况下,当市场变动与交易人员的预测相左时,在上述赌博心态的作祟下,交易人员可能不仅不会停止交易,反而会越权操作、追加资金以孤注一掷,从而给企业造成不可挽回的巨大损失。2005 年 6 月 7 日,台湾富邦证券因交易员计算机操作失误,将客户美林证券公司下单买进的新台币 80万元错误地输成新台币 80 亿元,成交的错账金额高达新台币 77 亿元,造成盘中 238 种股票瞬间涨停,约 2000 名投资者在涨停板上将股票抛出,富邦证券为此损失金额约新台币 5.5 亿元。

(五)法律风险

法律风险是指因法律法规不明确或交易不受法律保障,从而使合约无法履行或无法获取所期待的经济收益所带来损失的风险。金融衍生产品的法律风险在很大程度上是因为金融衍生产品创新过快,相关法律法规不健全或发展滞后所引发的。其形成的原因具体而言有两个:一是金融衍生品合约确认文件不充分,交易对手不具法律授权或超越权限,或合约不符合某些法律规定,法院依据有关规定宣布金融衍生品合约无效;二是交易对方因破产等原因不具清偿能力而对破产方的未清偿合约不能依法进行对冲平仓,从而加大了风险暴露,最终导致损失。[②]

---

① "爆仓"是指由于市场急剧变化导致投资者账户迅速亏损到总账户为负数,亦即连交易保证金都为负数的情形。参见杨星:《股指期货》,广东经济出版社 2002 年版,第123 页。

② 李志斌:《后危机时代的金融衍生品市场监管》,中国金融出版社 2012 年版,第51 页。

二、在跨市场交易风险的具体表现

跨市场交易能够为金融市场提供风险对冲工具，是规避股票现货市场价格风险的一种有效手段，但是，作为一种金融衍生品交易，无论是在代理环节、交易环节还是结算环节，跨市场交易同样潜藏着上述所析的五种风险。综观境外跨市场交易的实践，上述五种风险类型集中外化为由高杠杆化和高投机性所致的呈几何级数增长的"边际风险"。这种"边际风险"从市场风险视角分析，这种"边际风险"表现为衍生品市场价格的高波动性（volatility）[①]所引发的交易损失风险；从流动性风险视角分析，这种"边际风险"表现为特定情形下衍生品市场深度（depth）、[②]广度（breadth）[③]和弹性[④]（resiliency）不足所引发的交易损失风险；从法律风险视角看，这种"边际风险"表现为交易监管不完善、市场主体违法违约行为引致的交易损失风险；从操作风险视角看，这种"边际风险"表现为市场主体衍生品交易机制不健全所引发的交易损失风险。概言之，市场风险、流动性风险、法律风险、操作风险的一种或多种均会贯穿于跨市场交易的各个环节之中，从而引致信用风险的损失。[⑤]

[①] 高波动性是由衍生品的特性与市场参与者的行为相互作用的结果。一方面，与现货价格相挂钩的衍生品市场价格通常体现了市场参与者对未来现货价格的预期，市场参与者越多，预期的偏差也就越大，也就倾向于增加衍生品价格的波动性。另一方面，衍生品是高度杠杆化的投资工具，其价值变动率通常要大大超过（作为其衍生基础的）现货价格的变动率（Sally L. Hoffman, Peter Maher. Current Developments in Accounting and Finance—The Big "D" Word, in What Every Successful Lawyer Needs to Know About Accounting. NewYork: PLI Corp. Law & Practice Course Handbook Series No. B4-7097, 1995. 125,127.），在衍生品市场价格的持续波动中，参与者的行为亦受到市场行情的极大影响，上涨的价格往往吸引更多的买盘，反之亦然，市场的自我强化（或自我衰退）机制更极大地撬动了衍生品价格的波动性。

[②] 系指在当前交易价格之上和之下纵向排列的指令层次足够多。

[③] 系指指令所要求的交易量足够大。

[④] 系指因指令不均衡（imbalances）而引致当前价格迅速改变的市场机制。

[⑤] 信用风险又称履约风险，是指交易对手不履行、无法履行或不能完全履行到期义务所导致交易损失的风险。衍生品交易的信用风险通常由衍生品市场的市场风险、流动性风险、法律风险、操作风险所引发，而信用风险的爆发若具有"强外部性"，反过来又会加剧市场风险和流动性风险。

而如前所述,股指期货市场是以股票市场为标的物的衍生品市场,二者之间在各自价格形成过程中具有显著的相关性,显然二者之间还会形成风险关联关系。随着跨市场交易行为的不断发展,股票与股指期货之间的相对价格关系与互动影响关系将不断强化。在面临新的市场信息冲击时,期指市场与股票市场将同时或先后做出反应。但由于期指市场具有更低成本、更高杠杆和更高流动性的交易优势,期指市场往往会先行做出反应,并引带股票市场做出相应程度的反应之后再反馈,这就使得期指市场"边际风险"经历这一反映、反馈过程之后呈现更为复杂的放大风险态势。因此,在新信息"送达"引发的风险冲击面前,操作不当的跨市投资者就可能遭受个体极端风险,还可能通过风险传染机制引发跨市场系统风险。此外,跨市操纵行为也可能抬高市场整体风险,跨市套保、期现套利、风险管理和组合保险行为在特定期间还可能引致跨市场系统性风险。下面,笔者结合跨市场交易的实际,对其所引发的风险表现形式作一分析。

(一)跨市场交易的市场风险

跨市场交易的市场风险与一般金融衍生交易的市场风险并无不同。只是因跨市场交易涉及期货与现货两个市场,这就导致跨市场交易行为的市场风险在特定期间很可能演变为跨市的系统性风险。从境外交易所经验来看,在宏观事件冲击和股指期货到期日的特定时间段,跨市交易可能导致股市价格、成交量出现异常波动,并可能引起连锁的系统性风险,若再被跨市操纵力量所利用,还会导致更严重的继发性波动。

1987 年美国"黑色星期一"和 1998 年香港金融保卫战,是宏观事件触发跨市交易、再引发系统风险的典型案例。由于宏观事件诱发了股市急跌,套期保值者与组合保险交易商为了避免股票下跌的风险、尽快出清所持有的资产头寸,被迫在期货市场上大量抛售股指期货合约,导致期货价格下跌,股指期货合约价格明显低于现货市场对应的"一篮子股票"价格,从而导致指数套利者入市进行指数套利,买入期货并在现货市场抛出股票,由此期货市场的价格下跌导致现货市场的价格下跌,并由此引发更多的套期保值和组合保险交易产生,如此恶性循环最终导致了系统风险爆发。此外,跨市交易严重依赖计算机程序和通信系统,非常时期涌入的交易指令可能引发交易堵塞或故障,造成更大规模的股市恐慌。以"黑色星期一"为例,由于股指期货市场本就有拉动股票市场的"公告栏效应"(billboard effect),再加上股指期货市场开盘时间早于股市,股市开盘后,计算机程序驱动的大规模卖出指令引致买卖失衡的同时造成股市系统堵单,在代表股指价值 30%的 95 只 S&P 成分股尚未开盘的情况下,股市报价信息严重过时(stale),而期指交易却快速运转,并呈现出超跌现象,反过来造成股市更大恐慌。

股指期货"到期日效应"主要指以股票市场指数为标的的期货、期权在到期日时对现货市场的异常影响,这种影响一般表现为价格、波动率的异常波动和成交量的急剧放大。抛开到期日结算价设计问题不论,在到期日,长期持股机构投资者实施期指空头的迁仓行为(即从近月合约转为远月合约)、正向套利者对冲现货部位或反向套利者对冲期指部位、组合保险商依期指涨跌情况持续买进期指多头或持续卖出期指空头,均会产生到期日价格、交易量等异常波动。如果市场是有效的,这种短暂性波动会很快消失,如果市场交易机制(深度、广度和弹性)无法确保价格迅速对买(卖)方压力做出反应,若再加上主动操纵者、"噪声投机者"的推波助澜,可能导致股市与期市价格的螺旋式上涨或下跌。

目前,中金所沪深300股指期货合约以当月、下月及随后两个季月的第三个周五作为期指合约的到期日,并且指数的样本股权重较为分散,本身已具有较强的抗到期日短期操纵能力,但是因为到期日的特殊性且到期日涨跌停板的幅度为±20%,到期日可能出现的市场大幅波动及其风险仍有可能出现。

(二)跨市场交易的操作风险

1. 套期保值风险

基差风险是套期保值交易中的典型风险,主要出现在完全套期保值策略中。理论上,股指期货与股票现货能够进行套期保值的前提是股票现货与股指期货的价格在到期日变得一致,然而,在实际操作中由于各种原因,股指期货与股票组合的价格在结算日无法聚合,投资者因而需要承担一定的风险。由于套期保值策略实际上是用基差风险替代了现货市场的价格波动风险,那么,只要基差风险超越了现货市场风险,套期保值不仅不能降低跨市投资者的风险,反而会使其风险管控状况变得更加糟糕。在实际操作中,由于基差风险存在导致套期保值失败的情况包括以下几种。

(1)需要对冲价格风险的股票组合与股指期货合约的标的资产并不完全一致。随着股指期货合约到期日的临近,投资组合的价值与进行套期保值股指期货合约的资产价值差异很大,那么此刻投资者就会获得额外的收益或造成套期保值不完的损失。

以沪深300股指期货合约为例,如果投资者对股指期货的标的指数产品(如嘉实300基金、大成300基金)或其他指数产品(易方达50基金、ETF基金等)进行交叉套期保值风险较低;如果对所持有的股票组合进行套期保值,则可能由于个股 beta 值过高或过低,以及 beta 值的时变性,存在一定的交叉保值风险。因此,投资者应仅对 beta 值比较接近于 1 的股票所构成的组合进行套期保值。在此基础上,对个股 beta 值的时变特征进行动态跟踪,及时调整组合中 beta 值过低,或者不稳定的股票。

(2)由于套期保值者不能确定购买或出售股票组合的确切时间,各种投资计划都会随着市场的走势变化而进行动态调整。股指期货到期日的确定性与购买或出售资产时间的不确定性将导致在购买或出售现货股票组合的时股指期货与现货组合的价值相差很大,导致出现很大的基差风险。

(3)"个体剪裁"的套期保值期限与股指期货固定到期日不能完全匹配,致使套期保值平仓结算日现货的价格与期货的价格之间出现较大程度的差异,套期保值者只能被迫承受不可预期的基差风险。

跨市套保策略往往需要借助模型测算股票组合市场风险和套保比率,并进而确定期指合约的套保规模。模型中的股票组合 VaR 值与套保比率将根据两个市场的价格波动程度而不断调整,由于模型的主要参数主要依赖经验数值,可能出现实际数值与预期数值偏离增大的情况,从而导致套保损失。

2.跨市套利风险

如前所述,跨市期现套利的主要风险源自现货组合的跟踪误差和可变成本异动,跨市投资者可能遭受模型风险和流动性风险损失。此外,如果股票组合股利现金流较不稳定,可能引起套利成本测算误差。

表 1-5　2000—2007 年沪深 300 成分股股利分配方式

股利分配方式	年度	公司家数	所占比例
不分配股利	2007	9	3％
	2006	30	10％
	2005	16	5.33％
	2004	26	8.67％
	2003	30	10％
	2002	44	14.67％
	2001	55	18.33％
	2000	90	30％

股指期货和股票现货跨市场交易监管研究

厦门大学法学院经济法学文库

续表

股利分配方式	年度	公司家数	所占比例
派现	2007	18	6%
	2006	49	16.33%
	2005	55	18.33%
	2004	43	14.33%
	2003	42	14%
	2002	27	9%
	2001	43	14.33%
	2000	23	7.68%
送股	2007	0	0
	2006	0	0
	2005	0	0
	2004	0	0
	2003	0	0
	2002	10	3.33%
	2001	25	8.33%
	2000	265	88.34%
派现＋送股	2007	0	0
	2006	2	0.67%
	2005	3	1%
	2004	8	2.67%
	2003	17	5.67%
	2002	47	15.67%
	2001	101	33.67%
	2000	122	40.65%

数据来源：Wind 资讯。

从 2000—2007 年沪深 300 成分股股利发放情况（参见表 1-5）来看，成分股公司股利现金流极难预测，界定无套利区间的难度较大，期现套利失败的概率将会较高。

3.高频交易风险

"高频"交易，顾名思义，是一种电脑接受金融指令的速度、交易的反应处

理速度、发出指令的速度都极高的交易方式。金融机构的高频交易员利用这种新一代的电子交易设备来先人一步地获取市场的即时信息并快速加以处理，以便较之其他市场参与者获取更高额的利润。可以说，高频交易使某些强势投资者利用服务器托管(Co-Location)的优势获得优先交易权，并借助高速计算机上达到比正常市场稍早的"超前交易"(front-run)。其主要交易策略为Alpha套利策略，主要交易行为表现为订单频繁提交和撤销。目前市场上各种所谓的"高频交易"具有如下五大共同特征：(1)依据市场高频数据，使用复杂的计算机程序和算法生成定单，并将定单送到指定的市场上去，故对系统的延时要求较高；(2)具有超低的网络信息延迟，这通常通过"联位服务"或者"接近主机服务"将交易系统托管到交易所的数据中心实现；(3)报撤单速度快，在极短的时间内完成建仓、持仓、清仓的过程，通常整个过程的时间为几秒钟，最多不超过数分钟；(4)在短时间内提交并撤销大量的定单；(5)市场中性，持仓时间短，不隔夜持仓。

美国股市于2010年5月6日发生的"闪电崩盘"(flash crash)是高频交易触发市场系统性风险的典型案例。根据SEC和CFTC于2010年9月30日联合发布的《关于2010年5月6日市场事件的若干发现》的调查报告所述，5月6日受欧洲债务危机蔓延、亚洲股市暴跌等宏观事件影响，美国一家交易公司的交易电脑自动执行了一笔75000张E-Mini期货合约、金额高达41亿美元的巨额卖出指令；高频交易者起初作为买入者，与之进行对手交易，但在净多头寸超过3300张后，高频交易者开始转为激进卖出方，在2点41分至2点44分间净卖出了大约2000张合约，同时段内，高频交易者总共交易了140000张E-Mini合约，为市场总成交量的33%以上；随后，通过E-Mini期货和股票现货之间的套利关系，E-Mini期货合约价格的大跌迅速传导至股票现货市场。道琼斯平均工业指数和标准普尔500指数在收盘前两小时一度暴跌9%左右，随后虽快速反弹收复部分失地，但三大股指最终以下跌超过3%收盘。其中，道琼斯平均工业指数盘中一度重挫近千点，以下跌点位计算为历史之最。如表1-6所示，在股市暴跌期间，许多个股惊现"闪电崩盘"，波士顿啤酒公司、交通运输公司、特种制药公司等公司股价甚至一度归零。在整个下跌过程中，高频交易者机械地运用趋势跟随或者均值回归等技术性投机策略，比其他任何市场参与者更早一步吞噬掉股市、期市的流动性（报价深度和报价宽度），造成了市场持续向下的异常波动。

表 1-6 "闪电崩盘"股价波动情况

上市公司名称	大幅波动前价格(USD)	最低价(USD)	最大跌幅
波士顿啤酒公司	47.98	0	100%
TransMontaigne Partners 交通运输公司	27.46	0	100%
Impax Laboratories 特种制药公司	18.48	0	100%
埃森哲咨询公司	41.94	0.01	99.9%
CenterPoint 能源公用事业公司	13.13	0.01	99.9%
EXCELON 公用事业公司	34.68	0.41	99%
EBIX INC	14.26	1.01	92.9%
爱荷华州电信服务公司	15.67	2.66	83%
BROWN & BROWN	15.93	8.04	49.5%
宝洁(P&G)	59.41	39.37	33.7%
3M	81.86	67.98	17%
苹果	240.63	199.25	14.4%
CASEY'S GENERAL	35.00	30.24	13.6%

目前国内强势投资者在 Alpha 套利、期现套利中采用的"股指期货—ETF—成分股现货"之间的三级套利机制已初具高频交易的雏形,并有可能成为股票与期指跨市交易的重要组成部分。因此,交易所应未雨绸缪,及早将高频交易以及类似高频交易的程序化交易纳入监管范围。

(三)跨市操作风险

在股指期货推出的情况下,因其具有套期保值、价格发现以及风险管理等诸多功能,以及自身具有的高杠杆性特征,使得投资者在进行股票和股指期货跨市场交易时,可能会出现由以往单一的现货操纵发展到现货与期货市场联合操纵的违法行为。从国际经验来看,这种跨市操纵主要分为利用宏观事件跨市操纵和到期日操纵两种。

从国际宏观对冲基金或大型投机资金利用宏观事件实施跨市场攻击的实践来看,其在汇市、股市(包括股指期货市场)双向做多(或双向做空)的战术通常为:做多(做空)该国货币 → 迫使央行为维持汇率而抛出(收购)本币 → 利率下行(利率上行)→ 股票、期指市场上涨(股票、期指市场下跌),基于利率与股指的负相关性,投机资金至少会在一方大型头寸中获利。更有甚者,大型投机资金还会利用汇率与商品期货的相关关系在主要商品期货品种上大肆狙击。在 1990 年欧洲货币危机和 1998 年香港金融保卫战中,国际投机资金双向做空战术已屡试不爽。

再从行为人在股指期货合约结算日特定时间实施操纵的实践来看,这类操纵的特点是资金规模相对较小,持续时间短,通常在合约最后交易日尾盘操纵现货指数权重股收盘价,以扩大期指合约部位盈利,并在期指结算后现货指数快速回复正常,因此这类操纵对价格水平只有短期冲击。

但在宏观事件冲击时期或期指合约结算日,行为人跨市操纵可能破坏期现市场平价关系,致使期现市场之间出现背离走势,从而抬高跨市场的整体风险,进而在程序化交易的推动下形成跨市场的"瀑布效应"(股市与期市交互螺旋下跌),引致跨市场系统性风险。

(四)跨市法律风险

1. 某些投资者违法违约行为引致的连带风险

在股票与股指期货跨市交易模式下,某些强势投资者实施的跨市操纵违法行为,将可能给其他跨市投资者带来损失;为投资者进行结算的结算会员或同一结算会员下的其他投资者出现保证金不足,又未能在规定时间内补足,或因其他原因导致期货交易所对该结算会员下的经纪账户强行平仓时,投资者的资产可能因被连带强行平仓而遭受损失;在结算会员违约共同担保制度("联保")下,当违约结算会员的结算担保金不足以覆盖其违约赔偿金额时,非违约的结算会员被迫承担结算担保金余额损失,其事后补交的结算担保金可能占用预先的交易金额,影响跨市交易效益。

2. 不可预期的期货交易所风险控制措施引致的风险

(1)"当日无负债结算"方式下动态保证金调整导致的风险

保证金交易是期指交易机制的核心,若期指价格波幅过大,而投资者又做错方向,投资者保证金账户资金将以杠杆乘数的方式加速耗尽,投资者若风险控制不力,会发生严重亏损甚至爆仓。为了防范会员及其客户因保证金亏损引致的信用风险,也为了防止期货交易所承担会员违约的连带责任,交易所主要通过"当日无负债结算"方式来控制会员信用风险。

所谓"当日无负债结算"方式,根据《中金所结算细则》第 39 条的规定,即期货交易所在当日交易结束后,按照当日结算价对结算会员结算所有合约的盈亏、交易保证金及手续费[①]、税金等费用,对应收应付的款项实行净额一次划转,相应增加或者减少结算准备金。结算会员在交易所结算完成后,按照相同方法对客户、交易会员进行结算;交易会员也按照相同方法对客户进行结算。[②] 当结算会员结算准备金余额低于最低余额标准时,结算结果视作中金所向结算会员发出的追加保证金通知,两者的差额即为追加保证金的金额。

然而,根据《中金所风险控制管理办法》第 5 条和第 6 条的规定,如果期货交易出现涨跌停板单边无连续报价,或者出现交易所认可的市场风险明显变化等情形,交易所可以根据市场风险状况调整交易保证金标准,交易所调整期货合约交易保证金标准的,在当日结算时对该合约的所有持仓按照调整后的交易保证金标准进行结算。

动态保证金和"当日无负债结算"是交易所期指风控制度的核心。成熟市场的经验表明,期指交易投入资金一般不能超过半仓,最好控制在 1/3 仓位以内,以备行情波动时可能追加保证金的不时之需。无论跨市套保、期现套利、风险管理还是组合保险,跨市投资者均需审慎应对保证金变动风险,均需合理使用与分配保证金。如果投资者资金周转不足,无法及时补足保证金而被强制平仓,其跨市交易策略将会失败,并可能招致两个市场的损失。

(2)防止风险蔓延的强行平仓措施导致的风险

在《中金所风险控制管理办法》中,如果结算会员结算准备金余额小于零,且未能在规定时限内补足,或者会员、客户违规违约,或者客户、从事自营业务的交易会员持仓超出持仓限额标准,且未能在规定时限内平仓,或者符合交易所的紧急措施,交易所将对会员、客户的持仓实行强行平仓。

3.防范市场异常波动的强制减仓措施导致的风险

根据《中金所风险控制管理办法》规定,为了防范市场异常波动,交易所将当日以涨跌停板价格申报的未成交平仓报单,以当日涨跌停板价格与该合约净持仓盈利客户按照持仓比例自动撮合成交。亦即,申报平仓数量是指在当日交易日收市后,已在交易所系统中以涨跌停板价格申报无法成交的,且客户

---

① 结算会员股指期货的手续费为成交金额的万分之零点五。

② 在结算会员层面,当日结算时,结算会员账户中的交易保证金超过上一交易日结算时的交易保证金部分从结算准备金中划扣,交易保证金低于上一交易日结算时的交易保证金部分划入结算准备金;当日盈利划入结算准备金,亏损从结算准备金中扣划。

合约的单位净持仓亏损大于等于当日交易日结算价 10％的所有持仓。同一客户双向持仓的，其净持仓部分的平仓报单参与强制减仓计算，其余平仓报单与其反向持仓自动对冲平仓。强制减仓将干扰跨市投资者的交易策略，并可能造成投资者两个市场损失。

4.法规不健全引致的风险

(1)"盘中追保"与"盘中强平"的法律风险点

根据《中金所结算细则》第 46 条的规定，交易所可以根据市场风险状况，在交易过程中向风险较大的结算会员发出追加保证金的通知，并可以通过期货保证金存管银行从结算会员专用资金账户中扣划。若未能全额扣款成功，结算会员应当按照交易所的要求在规定时间内补足保证金。结算会员未能按时补足的，交易所有权对其采取限制开仓、强行平仓等风险控制措施。此为实务中所称的"盘中追保"与"盘中强平"。

从逻辑上分析，股指期货交易的"当日无负债结算"方式应为"盘中追保"与"盘中强平"措施的法理基础。显然，通过"当日无负债结算"之后，交易所才能对保证金账户资金(包括交易保证金和结算准备金)低于规定标准的会员发出追加保证金的通知，如果会员未能在第二天开市前按要求及时补足保证金，交易所即可在开市后对其交易采取限制开仓直至强行平仓的措施。通过"当日无负债结算"方式，交易所才有权力每日进行多次结算，使期货交易所能够将会员的负债现象限制在更短的时间，从而更好地防范风险。

从现行制度设计来看，每日盘后的"无负债结算"实体与程序规定已较为明确，但盘中"无负债结算"规定尚不明确，盘中追保及强平也缺乏可操作性规范，如尚未规定盘中追保及强平的通知方式、时效、盘中追保标准、盘中强平具体措施等，这就不利于跨市投资者在动态交易过程中形成合理预期，导致交易策略失败而引致交易损失。

(2)期现套利的主要法律障碍

机构投资者在从事股指期货期现套利时，客观上需要在现货市场对股指期货标的指数成分股进行交易，但由于《证券法》《公司法》《证券投资基金法》以及有关法规规章对利益冲突交易(Conflicts of Interest Transactions or Affiliated Transactions)作出严格限制，成分股现货交易将很难展开，可能影响到套利的成功率和准确度。

第一，《公司法》第 144 条禁止上市公司收购自己发行的股票，除非发生公司减资、公司合并、执行股权激励、收购异议股东股权的情形。根据该规定，当套利者本身是股指期货标的指数成分股公司时，将无法通过配置本公司股票的方式进行期现套利交易。

第二，为防止公司高管和持股5％以上的股东利用公司控制力和信息优势进行短线频繁交易，操纵股价或引发股价震荡，损害其他中小股东利益，根据《证券法》第47条的规定，上市公司高管和持股5％以上的股东应当在买入公司股票之日起6个月后卖出，或者在卖出公司股票之日起6个月后买入，但证券公司因包销购入售后剩余股票而持有5％以上股份的，卖出该股票不受6个月时间限制。根据该规定，当套利者持有股指期货标的指数成分股超过该公司总股本5％时，其对该股票买入后6个月内卖出，或者在6个月内卖出后又买入的，由此所得的一切收益归上市公司所有，将可能影响套利收益。

第三，根据《证券法》第73条至第76条"内幕交易禁止"规定，如果上市公司实施了收购、资产重组、再融资等经营活动并由证券公司担任此等经营活动的投行服务商，或者证券公司担任上市公司的保荐人和承销商，证券公司将被归入内幕信息的知情人，并不得从事相关股票的交易活动。若套利者为内幕人，其现货组合中不能涉及其承销或担当财务顾问的上市公司的股票。

第四，为抑制券商自营账户投资该券商"关联人"的股票，按照《证券经营机构证券自营业务管理办法》第15条的规定，上市公司或其关联公司持有证券公司10％以上的股份时，该从事套利交易的证券公司将不能在现货组合中自营买卖该上市公司的股票。

第五，依据《证券法》和《上市公司收购管理办法》的证券收购规制条款，一旦券商、基金等机构投资者经由期现套利而持有上市公司5％以上的股权，将触发大宗持股暂停交易规定，在暂停交易期间，投资者将不得再行买卖股票。一旦暂停交易，现货组合将无法顺利地动态复制标的指数，导致期现套利失败。

第六，《证券投资基金法》第59条第6款规定，基金不得买卖与其基金管理人、基金托管人有控股关系的股东或者与其基金管理人、基金托管人有其他重大利害关系的公司发行的证券或者承销期内承销的证券。此项关联交易限制条款对基金可投资上市证券范围影响较大：其一，上市银行所托管的基金不能投资这些相应银行的股票（包括已上市股票和将来发行的新股）；其二，根据证券公司对基金管理公司"一参一控"（即每家基金公司一般仅与两家券商存在关联关系）的规定，相关基金不得投资作为其管理人控股股东的上市券商股票，亦不能投资这些相应券商在承销期内承销的证券（如在中石油发行中，由于中信证券是主承销商，中信证券控股的华夏基金、中信基金都无缘申购中石油新股）。倘若基金受限投资证券作为标的指数的重要成分股，基金套利模型

中现货组合的跟踪误差和冲击成本就会加大,现货组合拟合标的指数的能力也会下降,情形严重的可能触发套利模型风险。

(五)跨市代理风险

这里的代理风险是指投资者在参与股指期货投资时由于选择期货经纪机构不当而给其带来损失的风险。这种风险具体表现为:所选择的公司不具有合法的代理期货交易资格;期货公司在从事代理业务时,利用投资者风险意识不强的弱点,纵容他们操纵市场,过度投机,给投资者带来损失和风险;采取欺骗手段,进行私下对冲、信息误导、抢先交易或者挪用投资者资金进行交易,侵犯客户利益等。2001年9月震惊全国的兰州"证券黑市"事件就是这种代理风险集中爆发的典型案例。一些不法分子冒充证券营业部吸收投资者的资金,表面上是在代理交易,其实是在对赌,并将投资者的资金席卷一空,给投资者带来很大的伤害。

三、跨市场交易的风险特征

(一)客观性

客观性是跨市场交易风险的首要特征。这种客观性一方面是市场经济中所有交易行为的应有之义,即在任何市场中,都会存在着因商业行情及价格的变动而导致可能的损失,比如市场风险,这是不受交易主体所控制的;另一方面又是跨市场交易内在特殊运行机制所致。像跨市场交易中的套期保值则将股票现货市场价格的波动风险转移到股指期货市场,而其中的高杠杆效应使得投资者只需动用少量的保证金就可以进行数量巨大的交易而获取高额的收益。然而,这种"四两拨千斤"的杠杆作用已无形中扩大了股指期货的流动性风险。以英国为例,对于一个初始保证金只有2500英镑的期货交易账户而言,它可以进行标的额高达7万英镑的交易量,杠杆比率为28:1。此外,"当日无负债结算"方式使得投资者在股价暴涨暴跌时可能因为流动性不足(即追加保证金不够)而爆仓,引发新的流动性风险。

(二)主观性

跨市场交易中有些风险是交易主体的主观因素所致。这是因为跨市场交易的亏损和盈利,归根到底取决于交易主体主观预测的准确性。这种人为因素的影响表现在很多方面:比如,为赚取高额利润,有交易主体"明知山有虎,偏向虎山行",故意越权操作或违规操作以放开一搏;又如,囿于自身知识、经验、能力、时间、信息等方面的限制,有交易主体就会出现指令操作和主观判断上的失误;再如,囿于单向思维的投资习惯,有交易主体总是拘泥于做多或做空情结而损失惨重;更有交易主体心不在焉,出现操作上的离谱错误(即我们通常所说的乌龙指),从而形成原本可以避免的操作风险或法律风险。

(三)复杂性

跨市场交易风险的复杂性主要体现在风险来源的复杂性。有学者认为:股指期货技术性很强,即便专业人士也很难掌握全部特性。[1] 股指期货的风险既有可能来自于股票现货市场和其他金融市场转移过来的风险,也有可能是自身在交易过程中不断衍生出来的新风险;既有来自于投资者、经纪公司、交易所和结算机构的风险,也有来自于政府政策和监管方面的风险;既有来自于国内市场的风险,也有来自于国际市场的风险;既有正常的套期保值者转移的风险,也有来自于非法或过度投机者进行投机交易引起的风险。

(四)可控性

跨市场交易的风险虽然存在,但也不是不可控的。以整个市场观之,期货市场风险的产生与发展有其自身的运行规律,可以根据历史资料、统计数据对期货市场变化过程进行预测,掌握其征兆和可能产生的后果,并完善风险监管制度,采取有效措施,对期货市场风险进行控制,达到规避、分散、降低风险的目的。像我国的中金所就构筑了包括保证金制度、涨跌停板制度、持仓限额制度、大户报告制度、强行平仓制度、强制减仓制度、结算担保金制度与风险警示制度在内的风险管理体系。市场投资者也可通过树立正确的投资理念、学习期货市场制度和吃透相关规则来避免由于期货价格的不利变化而产生的风险。总之,风险的可控性主要针对的是主观风险,目的是将交易主体自身承担风险的规模限制在自己能够控制、能够承受的风险之内,而不是彻底消弭风险。

(五)对称性

风险大小及损失多少,从本质上说,体现了一种期待有利结果与可能产生的损失之间的制约作用,包含着实际收益与预期收益的背离。跨市场交易本身的特性决定了风险总是和收益联系在一起。投资的根本目的就是获取收益,而风险就是为了获得预期收益而承担的一种不确定性。高收益总是伴随着高风险,两者存在明确的对称性。但对称并不意味着追求高收益的人总是

---

[1] 唐波、莫愫华:《我国金融衍生工具法律监管制度之构建》,载顾功耘主编:《金融衍生工具的法律规制》法律出版社 2007 年版,第 227 页。

要承受较大的损失,追求低收益的人承受较小损失,有时候情况会完全相反。跨市场交易虽然是一种高风险的交易,但绝不仅仅意味着跨市场交易存在发生损害的可能性,也昭示着其存在获取高额利润的可能性。这恰是跨市场交易的魅力之所在。

(六)系统性

从经济功能而言,跨市场交易是通过削弱现货与期货的市场阻隔,消除他们的市场分割和将风险在两个市场内重新配置的方式来分散风险。因此,当一个市场发生问题,风险就会经由相关途径传播到另一个市场。以股指期货市场为例,一方面股指期货交易机制的失误或疏漏,包括保证金制度、涨跌停板制度、交割结算制度等各项制度的不完善,就会将风险传递给现货市场。典型的如 1987 年香港发生的股灾和 1995 年的我国证券市场上的"327 国债危机";另一方面,在股指期货价格被低估时,由于套利者不能自由地卖空现货、买进股指期货进行指数套利,因此将导致股指期货价格被持续性地低估,因此,在股指期货市场做多者,由于在现货市场不能抛空,必然是纯粹的投机者,其风险完全裸露,如果期货市场发生较大幅度的下跌,期市多头者将抛出股指期货,股票投资者必然在现货市场大量抛出股票,从而进一步加剧股价的下跌。此外,从各国实践来看,操纵股指期货市场行为也会将风险传递给现货市场,引起现货市场的动荡。可见,股指期货与股票现货市场的相关性使得风险在两市场之间的传导能力进一步增强。在当前金融自由化和综合化经营的趋势下,这种风险更具系统性,一旦处置不善,不仅表现为一国内部出现金融动荡,出现恐慌性抛售,而且还体现为全球金融市场的大幅波动乃至国际金融危机的发生。中国证监会主席助理姜洋曾在 2010 年 4 月 16 日股指期货挂牌交易的现场对外坦言,在股指期货的筹备过程中,不论是中国证监会制定的相关配套法规还是中金所制定的业务规则,都无不将防范和化解跨市场风险作为一项非常重要的内容予以考虑。

第二章

跨市场交易监管的理论基础与制度特征

作为一种重要的金融衍生产品,股指期货产生之初是为了规避和防范风险,但其自身高杠杆性的交易特点使其又成为一种投机工具,本身蕴含着很大的风险,会给市场带来不利的影响。因此,如若不对以股指期货为载体的跨市场交易的风险进行有效的管理与控制,其非但可能摧毁整个期货市场,甚至还会殃及与之相关的股票现货市场。因此,对跨市场交易施以监管势在必行。本章将着重探讨跨市场监管的出现背景,并对其存在的必要性、属性定位、理论演进、目标原则和主体类型做一详尽的分析。

第一节 跨市场交易监管的源起

一、跨市场交易监管的社会背景:美国"1987 股灾"

(一)事件回放:美国"1987 股灾"的经过

1987 年 10 月 14 日,美国政府公布当年 8 月份商品贸易赤字,这一数字大大高于市场预期。数据公布后,外汇市场投资者大肆抛售美元。股市也受到影响,道琼斯指数当天下跌 95 点,紧接着 10 月 16 日再次下跌 108 点。10 月 18 日,当时的美国财长贝克针对外汇市场投资者大肆抛售美元的现象在电

视节目中发表讲话指出,如果联邦德国不降低利率以刺激经济,则美国将考虑让美元继续下跌。[①] 此言一出,导致人们不但对美元形成贬值的预期,而且还对未来股市的走势忧心忡忡。结果 10 月 19 日星期一当天,纽约证券交易所一开市,道琼斯指数即遭重挫,在排山倒海般的沽压之下,多方毫无抵抗之力,不到 1 个小时,道琼斯指数已经下挫 104 点。至当天收盘,道琼斯指数由 2246.74 点的高位狂跌到 1738.74 点,下跌 508 点,跌幅高达 22.6%,市值损失 5030 亿美元,相当于美国当年国内生产总值的 12.5%。与此同时,期货市场上的沽压同样严重。CME12 月份的标准普尔指数合约全天暴跌 80.75 点,以 201.5 点收盘,跌幅高达 28.6%,其他月份的股指合约也纷纷暴跌。美国股票现货市场和股指期货市场双双出现如此巨大的跌幅,几乎令当时美国证券市场崩溃,成为继 1929—1933 年经济危机之后又一次重挫美国经济的股市大灾。这一天也就是美国证券史上最令人刻骨铭心的"黑色星期一"。

美国股市的暴跌震动了整个世界金融界,在全球多个股票市场引起了连锁反应。同日,英国伦敦证券交易所的金融时报 100(FTSI)指数暴跌达 10.1%。东京证券交易所的日经 225 指数跌幅达 14.9%,次日又接连暴跌了 3836.48 点,创下历史跌幅新纪录。我国香港市场遭受的冲击和影响更是巨大,香港联合交易所的恒生指数当天下跌了 420.81 点,跌幅达到 11.2%;10 月份恒指期货合约下跌 361 点,其他月份的合约也应声下跌。为此,香港联交所被迫停市一周(自 10 月 20 日至 10 月 25 日)。然而,在一周复牌后,股票市场和期货市场依然出现猛烈抛盘,其中恒生指数大跌 1120.70 点,跌幅达 33%;10 月恒指期货合约也大跌 1554 点,跌幅达 44%,创历史跌幅最大记录,并与恒生指数形成 226 点的贴水。

据统计,从 1987 年 10 月 19 日到 26 日,在这 8 天的全球股市大灾难中,全球的股票投资者损失大致为 2 万亿美元,而在二战中损失总和也不过 3380 亿美元,这种投资损失财富达到后者的 5.92 倍。[②]

(二)"1987 股灾"的成因

"1987 股灾"发生后,美国政府部门、理论界与实务界人士纷纷对股灾成因展开了详细的调查与分析,并从不同的角度给予不同的评论。如时任美国总统里根认为"这次暴跌不过是美国证券市场的一次盘整而已,属于市场自我

---

① 刘英华:《期货投资经典案例》,上海远东出版社 2010 年版,第 4 页。
② 秦泰文、戴军等:《股指期货风险事件分析》,载《资本市场》2010 年第 5 期。

调节,政府无须过于恐慌"。当时的美联储主席格林斯潘在 1988 年 5 月的美国国会听证会上就认为在此次暴跌中,股指期货之所以下跌较现货市场早,下跌的速度也较现货市场快,是因为在期货市场上调节组合头寸的成本要显著低于现货市场,并且可以迅速地建立新的头寸。在收到新信息时资产组合经理自然倾向于首先在期货市场上交易,从而导致了期货市场的价格首先发生变动,所以期货和现货市场双双下跌是市场自我调节的表现。著名经济学家默顿·米勒(Merton Miller)也认为"1987 股灾"不是由股指期货市场引起的,而是投资者在现货市场和股指市场的各自抛售行为因两市的联动而被放大引起的。默顿以组合保险投资为例分析了投资者的抛盘行为如何通过股指期货的期现套利传递给现货市场,从而得出结论认为"从本质上说,'黑色星期一'中股票抛盘风潮对纽约和芝加哥交易所的影响类似于当所有用户同时打开空调时对电力系统造成的影响,不单单是因为期货市场的变动所导致的"。① 而以美国财政部的布雷迪官员为首的总统工作小组在 1988 年写成的《布雷迪报告》则认为,美国股市此次崩盘除了美国长期的财政赤字和贸易摩擦影响外,更重要的原因在于投资者以电子化平台为条件利用股指期货和股票现货的关联性进行套利(一般为程序交易)和组合保险投资所造成的。投资者正是发现了新生的股指期货价格和现有的股票现货价格之间存在着短期的价格时滞,展开不断循环往复的抛售和指数套利,最终使得两市价格的运行轨迹犹如一条直线下泻的瀑布,使濒临崩盘临界点的市场雪上加霜,引发了资本市场所有投资者的恐慌,最终导致了此次股市大灾难的发生。这就是著名的证券"瀑布现象"。②

综上可见,尽管造成"1987 股灾"的原因是多方面的,且人们认识的角度不一,但基本都能达成以下的共识,即这是首次与套利者利用电子化交易平台开展跨市场交易紧密相关的市场大动荡。人们由此看到了由于投资者对市场

① [美]默顿·米勒:《金融创新与市场的波动性》,王中华、杨林译,首都经济贸易大学出版社 2002 年版。

② 《布雷迪报告》从股市和期市关联性的角度对"瀑布现象"的作了详细的阐析:当股票现货市场下跌时,套期保值者通过在期货市场中卖出股指期货合约以寻求对股票组合的持仓保护,抛压使得期货合约价格偏离了合理的价格范围。对此,套利者的计算机程序判断市场存在期现套利机会,指令买进股指期货合约的同时卖出股票组合,导致股票现货价格再度下跌。股市的持续下跌继而触发更多的组合保险活动。如此循环,最终造成股市暴跌。

信息的过度反映和交易指令的暂时非平衡对市场的冲击。因此,如何尽快出台新的规章制度和监管规则以防范投资者因开展跨市场交易所导致的两市风险的交叉感染,挽救落入低谷的资本市场则成为当时摆在美国政府面前亟待解决的现实问题。

二、跨市场交易监管的提出:《布雷迪报告》之建议

一直以来,各国金融市场的发展面临巨大的竞争压力和生存挑战。因此,各国监管当局在发展金融市场的过程中唯有不断改进自身的交易规则和监管机制,才能创造更好的金融生态环境,实现自我完善和不断走向成熟。"1987股灾"发生后,面对着越来越多的跨市场交易,美国监管当局开始意识到股指期货的"双刃剑"特性及利用股指期货进行无序的跨市场交易所带来的风险严重性。故《布雷迪报告》在深刻总结股灾原因的基础上,针对当时跨市场交易混乱的状况,不辱使命地提出了监管建议,具体包括:第一,设立熔断机制,即在股指期货合约价格出现单向大幅波动时设置熔断点,当合约价格达到该点时限制交易以达到合约价格继续单向波动。熔断机制的提出是《布雷迪报告》的一个最为引人注目的亮点,其目的是为合约价格继续冲高前设置"警示器"和波动的"减震器",分阶段缓解整个股票市场系统因超负荷运转带来的风险。第二,对股票、股指期货以及股票期权市场建立统一的结算机制,使跨市场交易在这些市场中能够简便可行,能够较为精确地估算跨市场风险敞口,并且应该对跨市场交易头寸的抵押品限制进行取消。第三,设立信息协调机制。能够在各个主要市场搜集到市场参与者的交易行为、交易时间以及最终客户相关信息等,以便于及时发现问题,知悉潜在损害性的滥用,从而能够准确判断市场危机隐患的性质、原因等。第四,加强对期货保证金的管理,使期货市场的保证金与股票市场上对专业参与者征收的保证金水平保持平等。因为期货市场保证金的比例低于购买股票所要求的保证金的比例,所以人们担心,期货市场与股票市场相比之下,有更高的杠杆性,会鼓励投机并造成市场的更大的波动。[①]《布雷迪报告》主张两种市场保证金一致,就是为了确保能够在不同市场之间统一实施关于杠杆和投机的公共政策。第五,设立一个专门的单一

[①] 王小丽:《股票和股指期货跨市场监管法律制度研究》,安徽大学 2011 级博士学位论文,第 35 页。

股指期货和股票现货跨市场交易监管研究

厦门大学法学院经济法学文库

机构来负责协调各监管机构在监管中出现的问题。由于这些问题的影响不仅涉及相互关联的市场,而且涉及整个金融体系,因此,沟通、交流与协调显得尤为必要。[1]

综上,《布雷迪报告》不仅揭示了大股灾的成因,还首次从股票现货市场与股指期货市场相互关联的角度提出了跨市场监管的系列建议。这些建议旨在防范市场出现剧烈的非理性波动,既充分调动了股指期货的积极功能,又减缓了其可能造成的负面效应,避免这种非理性波动因两市联动、叠加而出现"瀑布效应",从而维护了投资者理性交易和保障金融市场的稳定运行。实践证明,这些建议最后均不同程度地被美国监管当局所采纳。因此,《布雷迪报告》的实施可谓正式揭开了美国跨市场监管的序幕。

第二节　跨市场交易监管的性质

一、跨市场交易监管的必要性

长期以来,关于是否有必要对金融业实施监管,理论界并无根本分歧。大家一致认为对金融监管不仅在理论上是必要的,而且其价值已经为既有的实践所证明。概括而言,金融监管的存在价值包括三个方面:(1)金融业的特殊地位与其高风险性之间的深刻矛盾,决定了金融监管不可或缺;(2)有效的金融监管可防范和化解金融风险,确保金融安全和保护广大债权人(存款人、投保人和投资者)的合法权益;(3)进行金融监管是维护金融秩序、保护公平竞争、提高金融效率的要求。[2] 综观国际金融市场近年来的发展进程,跨市场交易确实在很多场合已直接或间接造成巨大的投资损失和金融市场的动荡。无论是 1987 年的美国股灾,还是 1995 年英国巴林银行的倒闭事件,抑或是晚近的法国兴业银行事件,无不表明跨市场交易虽有套期保值和风险管理之功能,

---

[1]　陈红:《股指期货市场与股票跨市场监管:海外经验及中国制度完善》,载《投资研究》2009 年第 11 期。

[2]　参见朱崇实、刘志云:《金融法教程》,法律出版社 2010 年第 3 版,第 45～46 页。

然而一旦监管缺位或监管不当，就会出现连锁反应的投资失败，从而给金融机构本身带来灭顶之灾。因此，金融衍生品本身虽有益于资本市场，能够最大限度地降低资本成本，但在政府监管缺位或失灵的情形下，其发展轨迹不容易掌控，极易"误入歧途"。尤其是当沟通股指期货市场和股票市场的跨市场监管机制缺位时，无疑会为内幕交易和市场操纵大开绿灯，引起对股指期货交易功能的错误定位。可见，为促进股票市场和股指期货的健康发展，在各交易所和各市场间建立跨市场监管机制是十分必要的。正如有学者所言，在我国新兴的金融市场中发展金融衍生工具和开展跨市场交易，无论是场内集中交易还是场外的非集中交易，一个共同的基本进路是对之实施有效的市场监管。[①]就我国而言，跨市场交易监管的必要性源自于以下几方面的原因。

（一）防控股指期货市场风险膨胀与跨市场操纵

股指期货交易的高度杠杆化和合同条款的高度标准化，降低了成本，便捷了交易，但是这种"以小博大"的杠杆交易在吸引众多投机者加入的同时也无形中放大了股指期货固有的价格波动风险。对参与股指期货交易的投资者而言，其存入的保证金多半就是他愿意用于期货交易的全部资金，或者说是他平常所能够承受的风险范围，然而一旦行情突变引发价格下挫，则其遭受的损失完全可能超出风险承受范围而出现违约。这种客户违约会产生连锁反应，相应的风险会经保证责任转移到期货经纪公司，如果期货经纪公司也无力承担，则风险会进一步转移至金融期货交易所。同时，由于股指期货和股票现货市场的高度关联性，这种股指交易失误带来的亏损容易通过跨市场交易方式蔓延与传递到现货市场，引起整个资本市场的连串恐慌。此外，信息的垄断必产生垄断的利润。特殊信息资源的垄断即资本市场中的信息不对称会使得大量资金和信息集中在少数人手中，引发市场操纵。因此，如果说既有的分市场监管可以有效针对股票现货市场或股指期货市场的操纵行为，那么其面对跨市场操纵行为（如对操纵现货市场自期货市场获利或操纵期货市场自现货市场获利）则难以奏效，因此需要构建专门的跨市场交易监管机制来加以防范和化解。目前，我国业已确立了两市的信息交换机制、风险预警机制、共同风险控制机制和联合调查机制等跨市场交易监管机制，意在及时发现任何一个市场的异常交易行为，遏制跨市场操纵等违法违规行为的发生，从而达致防范风

---

① 参见顾功耘主编：《金融衍生工具的法律规制问题》，北京大学出版社 2007 年版，第 37 页。

险、维护资本市场稳定之目的。

(二)推动我国证券市场由"新兴加转轨"走向成熟和发达

我国证券市场从诞生以来,经过 30 多年的发展,取得了举世瞩目的成就,其对国民经济的支持作用不断增强。特别是随着 2007 年股权分置改革的完成,我国上市公司国有股或法人股"一股独大"的弊端逐渐得到根本性扭转,从而为法律制度的高效运行和市场的健康发展奠定了良好的基础环境。然而应该看到,我国证券市场目前整体发展水平仍然处于初级阶段,具体表现在两个方面:一是市场整体规模偏小。截至 2010 年底,我国证券市场资产占金融资产总额的比例为 40%。而该指标在同年度的美国为 85%,英国为 74%,韩国为 75%,日本为 65%。二是股票市场中可流通股份的占比偏低。截至 2010年底,我国股票总市值达到 32.7 万亿元,相当于 GDP 的比值为 132.6%,但流通股份仅平均占上市公司总股本的 28.4%,尤其是大市值的上市公司,其实际进入流通的股份比例更低。因此,与英美等国家的成熟证券市场相比,在很多方面仍然存在很大差距,是一种典型的"新兴加转轨"市场。[①]而股指期货在我国的推出则标志着这种"新兴加转轨"市场将从单边市场迈入双边市场。而此次金融危机让我们看到一个缺乏有效监管的双边市场是极其危险和不可盲从的,因此必须通过跨市场监管来加强市场风险监测,落实重大风险预警和应急处置机制,进一步加大对操纵市场、内幕交易、利益输送等违法违规案件的惩处和曝光力度,推动我国"新兴加转轨"市场早日走向成熟和完善的市场。

(三)确保我国证券市场平稳发展与投资者利益之维护

前已述及,跨市场交易具有规避风险和价格发现功能。然而,这种功能并非自发的。若不对交易主体和交易风险施以管理,任凭市场的自发调节和自生自灭,则上述功能不仅难以彰显,而且还会损及整个资本市场。对此,"公共利益理论"揭示了产业失灵是政府实施产业管制的一大动因。这一结论同样

[①] 如中国证券监督管理委员会主席尚福林认为我国资本市场是"新兴加转轨"的市场。参见尚福林:《推动中国资本市场稳定健康发展》,载《中国金融》2009 年第 5 期。

可以适用于股指市场。[①] 而且,较之股票现货市场,股指期货的这种"市场失灵"表现更甚,因而对政府监管这只有形之手的需求要比其他市场来得迫切。比如,期货产品作为金融衍生工具,投资者对其的了解远没有股票现货多,信息不对称更为严重。又如,股指期货的保证金交易使之要比股票现货更容易引发过度投机行为,导致期货价格非理性波动。具体表现在:一是投资者风险意识不强、受制于现货买卖的思维,超量下单;二是违规交易,容易采取跟风行动进行操纵市场。这种信息不对称和过度投机的外化必然诱发市场失灵,[②]从而使得股指期货交易的风险性外化。因此,为防范个体追求利润最大化而导致的整个证券经济发展的异化,保证股指期货市场健康、稳定、有序地发展,政府必须通过构建健全、科学的法律监管制度,采取一些强制措施来抑制期货市场中的各种不当交易行为,防范与化解其中的交易风险。此外,股指期货市场的发展离不开投资者的积极参与,然而相对于期货交易所、期货公司等专业机构,普通的期货投资者缺乏足够的投资专业知识和投资技巧,必须通过中介进行交易,而且资金不归自己保管,极易被欺骗和误导。同时,他们是风险和亏损的承担者,而期货交易所与期货公司,无论客户买卖盈亏均能收取佣金、手续费。[③] 鉴此,就需要借助跨市场交易监管以矫正普通投资者在交易中的这一弱势地位,确保他们参与跨市场交易的积极性。

总之,通过跨市场交易的监管,针对股指期货、股票现货指数的内在关联

---

① "公共利益理论"溯源于 20 世纪 30 年代初英国经济学家庇古和美国经济学家萨缪尔森的福利经济学思想,该理论从亚当·斯密"看不见的手"出发,认为传统微观经济学关于完全竞争的条件很难满足,因此市场机制在某些领域并不具备效率,或者说市场不可避免存在失灵,而政府是仁慈的,其成员有能力而且有必要作为社会公共利益的代表用"看得见的手"来弥补市场失灵的缺陷,纠正某些社会个体和社会组织的不公平、不公正和无效率的做法,否则,社会的整体福利将受到损失。有关该理论的具体内容请参见陈斌彬:《我国证券市场法律监管的多维透析》,合肥工业大学出版社 2012 年版,第 24～25 页。

② 刘迎秋:《现代期货大辞典》,人民出版社 1996 年版,第 306 页。有的学者把市场失灵称为市场缺陷,经济学中所说的市场缺陷是指市场对于某些市场行为无能为力的那样一种状态。例如,对公共产品的生产和消费,市场调节就是无能为力的。在经济理论分析中,通常将市场的这种缺陷称为市场的失灵。在期货市场理论中,市场缺陷则是指由主观或客观因素所造成的期货市场运行机制无法充分发挥作用的一种状态。一般来说,交易费用的增加和对投资者空盘持仓量的限制等等,都会使即期现货与未来期货价格之间的非套利区域加宽,从而会对不同的交易者产生不同的影响。这是期货交易中所发生的市场缺陷的要害所在。

③ 屠广绍:《市场监管:架构与前景》,上海人民出版社 2000 年版,第 246～249 页。

股指期货和股票现货跨市场交易监管研究

厦门大学法学院经济法学文库

性以及风险特征确立相关的风险控制制度安排,加强证券交易所和期货交易所之间的沟通与联系,才能扭转跨市场交易中疯狂炒作的投机心态并培养出真正投资的市场气氛,从源头上保障股指期货较强的抗操纵能力,提高监管效率,为广大投资者提供一个公平的博弈环境,从而推动股指期货市场的平稳、健康发展。

二、证券监管下的跨市场交易监管

既然跨市场交易监管的属性是为证券监管,那么,何谓证券监管? 从逻辑学上讲,"证券监管"是"监管"的下位阶概念,故明晰"监管"的内涵是正确理解"证券监管"这一概念的前提。所谓监管,就是监督和管理的复合词。而"监督"就是指"监察与督促"[①],即对特定社会的个人和经济主体的活动是否按规范行事加以关注和检查,并在发现这些对象不遵守或可能不遵守规范时提醒、促使其依规范行事;而"管理"则指"管束与处理"[②],强调按既定的规则、方法或确立的模式作出决定以对特定社会的个人和经济主体的日常活动进行控制与处理,使之服从实现一定目标的需要。由此可见,"监督"与"管理"两者共同组成"监管"的整体内涵,指的是依据一定的法律和规则对构成特定社会的个人和构成特定经济主体的活动进行监察、督促、约束、协调、控制和处理等一系列行为的总称,以此来实现某项政策、法律等制度安排所事先预设的目标及宗旨。

进一步分析,"监管"具有如下的基本特征:

首先,"监管"是负有监管职责的主体履行职能的一种行为。这种行为无论是表现为自上而下的管制(如现场检查、行政处罚等),还是表现为横向对等

① See Henry Campbell, *Black's Law Dictionary* (fifth edition), West publishing Cop, 1983, p. 1290.

② 参见中国社会科学院语言研究所:《现代汉语词典》,商务印书馆 1979 年版,第403 页。

的协商(如证券监管和解①等),都是以事先享有的监管权力作为保障和支撑。诚如 1997 年 9 月,巴塞尔银行监管委员会发布的《有效银行监管的核心规则》所作的解释,监管不是一种指导或劝说,监管部门的行为应以拥有纠正违法违规行为的强制力为前提条件。至于哪些部门拥有这种强制力,不是"监管"本身所应关注的。

其次,"监管"蕴含着主体行为的合规性。市场经济的健康发展离不开政府适度的管制。而"监管"正是市场经济语境下对政府管制的一种回应和诠释,其与计划经济下的政府管制即"主管"有着本质的区别。同为管制的表现形式,"监管"强调行为的合规性,即以符合被管制对象发展的客观规律为基础,要求监管主体"有所为与有所不为"。而"主管"则强调行为的权威性,即以管制主体的利益和意愿为基础,要求被管制对象的绝对服从与遵守。虽然"监管"在实然上容易因各种主客观原因陷于过度与不足的状态,但从应然上讲,其蕴含着主体行为必须合规,保持应有的适度平衡。换言之,监管仅限于对被监管对象行为的一种修正或控制,即包括对垄断行为、不公正竞争及不公正交易行为、对信息偏在产业的"进入""退出价格""投资"等所进行的各种管制和对外部性和有害物品等所作的管制。②

最后,"监管"是主体的一种合法行为。这种合法性不仅体现在监管赖以生存的强制力即监管权力的来源和范围须由法律法规事先加以授予,不能如"主管"那样令从口出,而且还表现在监管的方式和方法的实施亦不能如"主管"那样随心所欲,捉摸不定,而须遵循既有的法律程序和规则行事。并且,某些特定的监管方式(如行政强制执行)还需要借助于其他机构特别是司法机关来进行。③

综观各国证券市场的发展历史,可以肯定地说,对证券市场的监管在任何体制背景的国度中都是证券经济及其市场经济运行的主要组成部分之一。实证地看,任何一个推行市场经济的国家均无一例外地对其国内的证券市场施

---

① 证券监管和解制度是指"在证券监管过程中,监管部门与被监管者协商,就被监管者某些行为的处理形成合意,并据此作出和解决定"的制度。其实质是行政和解在证券行政监管领域的运用,表现为一种非强制、非对抗,贯穿契约自由精神的纠纷解决模式。关于该制度的详细内容,参见林丽霞、薛承勇:《我国试行证券监管和解制度问题初探》,载《证券市场导报》2006 年第 10 期。

② 参见[日]植草益:《微观规制经济学》,中国发展出版社 1992 年版,第 1~2 页。

③ 如《中华人民共和国行政诉讼法》第 66 条规定:公民、法人或者其他组织对具体行政行为在法定期间不提起诉讼又不履行的,行政机关可以申请人民法院强制执行。

股指期货和股票现货跨市场交易监管研究

厦门大学法学院经济法学文库

以监管。然而,迄今为止,对于什么是证券监管,国内学术界仍然存有分歧。在笔者看来,这种分歧倒不在证券监管的目标、依据、手段和对象的界定上,而是在对监管主体范围的认识上。据此,笔者将证券监管的定义归纳为如下两类。

一是狭义论,主张将证券监管的主体局限于政府及其职能监管部门。如赵锡军教授认为证券监管就是"政府监管部门为了消除因市场机制失灵而带来的证券产品和证券服务价格扭曲以及由此引起的资本配置效率下降,确保证券市场高效、平稳、有序地运行,通过法律、行政和经济的手段,对证券市场运行的各个环节和各个方面所进行的组织、规划、协调、监督和控制的活动及过程";[①]洪伟力博士和贝多广教授也认为,"证券监管就是政府及其监管部门通过法律、经济、行政等手段对参与证券市场各类活动的各类主体的行为所进行的干预、管制和引导"。[②] 而李东方博士和李志君博士甚至干脆将"证券监管"简单地用"证券主管机关监管"或"政府监管"来表述。[③]

二是广义论,主张证券监管的主体除了政府及其职能监管部门之外,还应包括依法设立的其他组织或公共组织等。如李扬、王国刚教授就认为证券监管指的是政府、政府授权的机构或依法设立的其他组织根据国家的宪法和相关法律,制定相应的法律、法规、条例和政策,并依据它们对证券市场体系和各种活动进行的监督、管理、控制和指导。[④] 庄序莹博士认为证券监管是指人们通过政府机构或公众组织,依照国家的宪法和有关法律,为达到一般意义上规范的经济目标——公平与效率,而对证券市场的自然运行状态进行干预的行为。[⑤] 刘春长博士也认为证券监管是指一切市场外在的组织机构通过一定的规则与程序对证券市场参与者的行为作出规定与干预,并监督这些规定的

---

① 参见赵锡军:《论证券监管》,中国人民大学出版社 2000 年版,第 19~20 页。
② 参见洪伟力:《证券监管:理论与实践》,上海财经大学出版社 1999 年版,第 4 页;贝多广:《证券经济理论》,上海人民出版社 1995 年版,第 144 页。
③ 参见李东方:《证券监管法律制度研究》,北京大学出版社 2002 年版,第 16 页;李志君:《证券市场政府监管论》,吉林人民出版社 2005 年版,第 11~12 页。
④ 参见李扬、王国刚:《资本市场导论》,经济管理出版社 1998 年版,第 409 页。
⑤ 参见庄序莹:《中国证券监管理论与实践》,中国财政经济出版社 2001 年版,第 3 页。

执行。[①]

通过以上对"监管"一词内涵的剖析，不难发现，"监管"强调的是行为的合规性与合法性，而至于行为主体的种类如何则在所不问。证券监管亦不例外，笔者认为，狭义论将证券监管主体等同于政府的证券监管部门，从逻辑上讲，不仅人为缩小证券监管的外延，而且也是对其内涵的一种误读，与证券监管的本意相违背。人类社会发展的历史表明，在17世纪西方证券市场产生之初至20世纪30年代长达三百年的时间中，由于当时各资本主义国家政府普遍奉行自由不干预政策，各国政府并未成立专门的证券监管部门，但彼时证券市场的运转却不是杂乱无章，而是长期处于证券交易所与证券商协会等自律组织管理下的秩序化状态。只不过到了1929年世界经济大危机爆发之后，随着凯恩斯"国家干预主义理论"在各国的兴起和壮大，这种由自律组织担当证券监管重任的模式才逐渐被后来成立的专门的政府监管机构监管模式所取代。即便如此，在今天各国证券市场上，各种证券自律组织固有的一线监督与管理功能并没有因为证券行政监管的主导而被消弭，在有的国家如英国甚至还发挥着与政府证券监管同等重要的作用。可见，证券监管主体包括哪些机构不宜一概而论，而应视具体情况及其交易习惯、监管传统而定。无疑，狭义论这种将证券监管的主体仅限于政府及其职能监管部门的观点是不全面的。[②]

相比狭义论，广义论主张证券监管的主体应在政府证券监管部门之外加上依法设立的其他组织或公共组织，此定义无疑较契合证券监管的演进实际。但在何谓"依法设立的其他组织或公共组织"见解上，现有的广义论的学者均将其解释为"各种自律组织或行业组织"，如中南财经政法大学的韩龙教授就认为监管的主体可以涵盖国际组织、政府机构、行业组织、某些市场主体。[③]在对跨市场监管或证券监管外延的界定上，本书倾向于采用广义论的主张，主张跨市场监管既涵盖了国家法定行政机关的监管，又包括期货交易所和其他行业组织的自律监管。

---

①　参见刘春长：《中国证券市场监管制度及其变迁研究》，中国金融出版社2010年版，第49页。

②　中央党校的张忠军教授和中南财经政法大学的韩龙教授也持类似的观点。参见张忠军：《金融监管法论》，法律出版社1998年版，第2页；韩龙：《金融服务贸易规制与监管研究》，北京大学出版社2006年版，第3页。

③　参见韩龙：《金融服务贸易规制与监管研究》，北京大学出版社2006年版，第3页。

三、跨市场交易监管的属性定位

(一)跨市场交易监管本质上是一种衍生意义上的证券监管

对于何谓证券,我国《证券法》在立法之初并没有从性质上对其作出正面的定义,而是采用列举的方式。如1998年出台的《证券法》第2条规定:在中国境内,股票、公司债券和国务院依法认定的其他证券的发行和交易,适用本法。本法未规定的,适用公司法和其他法律、行政法规的规定。从实践反馈看,我国国务院在该法实施后始终没有依法认定过其他的任何证券,因此有学者认为1998年《证券法》中的"国务院依法认定的其他证券"只是作为一个备用的授权条款,而不具有可操作性。[①] 故而在我国《证券法》的实施框架内,我国传统意义上探讨的证券监管实际上仅指股票或债券的监管。直至2005年《证券法》的修订,立法机关才根据市场发展的实践情况,对《证券法》上的"证券"范围作了重新界定。修订后的《证券法》第2条规定:"在中华人民共和国境内,股票、公司债券和国务院依法认定的其他证券的发行和交易,适用本法;本法未规定的,适用《中华人民共和国公司法》和其他法律、行政法规的规定。政府债券、证券投资基金份额的上市交易,适用本法;其他法律、行政法规另有规定的,适用其规定。证券衍生品种发行、交易的管理办法,由国务院依照本法的原则规定。"两相比较,现行的《证券法》在原有的股票、公司债券和国务院依法认定的其他证券的基础上增加了证券投资基金份额和证券衍生品种,从而进一步扩大了证券涵盖的范围。特别是证券衍生品种适用《证券法》的明确规定,更是为后面股指期货的推出事先提供了合法的空间,澄清了社会上对股指期货合约是否为证券的疑问。事实上,虽然包括股指期货在内的证券衍生产品的基础资产是一些特定的金融指标(资产价格、参考利率或股票指数),但其无非是一种把某些明确迟延要素纳入交易意愿达成、实际现金支付和实际资产支付三个环节中的后两个环节形成的合约。[②] 同时,根据前面的分析,股指期货合约完全符合四个通常意义上的证券特征,且其在成熟的资本市场国

---

① 陈洁:《金融投资商品统一立法趋势下"证券"的界定》,载《证券法苑》第五卷,法律出版社2011年版。

② See Hicks. J. R. , *A Market Theory of Money*, London, Oxford University Press 1989, p. 123.

家如美国,从一开始就被作为一种证券明确写入 1933 年的《证券法》。[①] 因此,股指期货作为我国现行《证券法》中所列举的一种证券衍生品种并无不当。就此而言,在跨市场交易监管结构中,无论是期货市场的股指监管,抑或是股指期货和股票现货两种监管方式的联合监管,其本质上都是一种证券监管,即属于衍生金融监管的范畴。

(二)跨市场交易监管具有宏观审慎特质

所谓"宏观审慎",是相对于微观审慎而言的,指的是金融监管当局为减少金融危机或经济波动给金融体系带来的损失,从金融市场整体而非单一机构的角度实施的各种制度安排。[②] 与追求单个市场或单个金融机构本身安全稳健为使命的微观审慎相比,宏观审慎具有以下三个特征:其一,从监管对象看,宏观审慎关注的是整个金融体系及其与实体经济的关联度,监管的重心在于整个金融市场及那些系统重要性金融机构(SIFIs)和"影子银行"(Shadow Banks)体系。而微观审慎关注的是单个金融机构本身。其二,从监管目标看,宏观审慎应对的是系统性风险,追求的是金融体系的稳定;而微观审慎防范的是个体风险,追求的是机构本身运营的安全。其三,从监管机理看,宏观审慎以整个金融产业为单位,自上而下,考查的是资产价格、信贷总量、机构杠杆率等宏观指标。而微观审慎以单个金融机构为单位,自下而上,考查的是资

---

① 如美国《1934 年证券交易法》第 3 节第 10 款和第 11 款对"证券"的界定是:证券是指任何票据、股票、国库券、债券、公司债券、利润分享协议或石油、天然气或其他矿产特许或租赁协议下的权益证书或参与证书,任何关于证券的抵押信托证、组建前证书或认购证,可转让股份,投资合同、投资信托证、存单,任何关于证券、存单或证券指数的卖出权、买入权、选择期权或优先权(包括其权益或由其价值所生之权益),任何在国家证券交易所达成的外汇卖出权、买入权、选择期权或优先权,或者一般意义上被认为是"证券"的任何票据;或者前述之各证券的权益证书、参与证书、暂时或临时证书、收据、认购或购买的担保或权利,但不包括货币或自出票日时有效期不超过 9 个月的任何票据、汇票或银行承兑书。

② "宏观审慎"一词最早是在 1979 年 6 月 28 日库克委员会(Cooke Committee)召开的一次会议上被提出,用于指称宏观经济与发展中国家快速增长贷款之间关系及相关处理政策。直至 1986 年,这一提法才正式见诸国际清算银行(BIS)的一份公开研究报告中。1997 年亚洲金融危机后,"宏观审慎"一词开始渐为国际社会所使用。特别是 1998 年 1 月,国际货币基金组织(IMF)在《迈向一个健全金融体系框架》的报告中将"宏观审慎"明确用于系统性风险的防范,使之开始与金融监管相关联。相关内容参见余绍山、陈斌彬:《从微观审慎到宏观审慎:后危机时代国际金融监管法制的转型及启示》,载《东南学术》2013 年第 3 期。

本充足率、流动性、不良贷款率等微观指标。由于个体的理性并不必然引致集体的理性，故在微观审慎框架下，个体金融机构因同质化经营出现"合成谬误"，继而导致金融失衡加剧、系统性风险不断增加的例子经常可见，特别是随着金融一体化和各种金融创新产品的蓬勃发展，金融机构的这种顺周期扩张就越发明显，这使得微观审慎这种"只见树木不见森林"的方法更容易放任集体风险的转移动机，造成"一荣俱荣，一损俱损"的系统性风险。鉴此，英国的FSA在其危机应对报告中总结，"此次金融危机表明，一个稳定的微观审慎监管体系是必需的，但却不足以保证整个金融体系的稳定，因此引入和强化以系统性稳定为目标的宏观审慎监管对各国而言则是十分必要的"。[①]

综上所述，我们不难发现，既有的分市场监管如股票市场监管着眼于追求股票现货市场中参与主体的稳健经营和现货市场的安全，对现货市场与期货市场的内在关联普遍关注不够。特别是对那些利用期货市场恶意做空现货市场的投机行为，传统的分市场监管更是无能为力。这使得从微观层面看，单个金融机构在一个市场（期货市场）中看似审慎理性的行为却可能对另一个市场（现货市场）构成潜在的威胁。而在混业经营的模式下，两个市场中必有很多金融机构和交易主体存在业务同质化经营的相关性和共同的风险敞口，一旦这些金融机构和交易主体采取一致行动，则做空风险的传播必然更加迅速并难以监控，从而导致横跨两个市场的系统性风险的产生。因此，作为建构在两个市场之上的跨市场交易监管，必然是要减缓和阻隔两个市场中不同机构之间和机构与所在市场之间风险关联，避免整个资本市场系统性风险的出现而对宏观经济造成的破坏。可见，跨市场交易监管的宏观审慎性要求跨市场监管要着眼于控制现货市场与期货市场中金融机构之间的相关性和顺周期性来降低系统性风险，而不能如以往那样满足于要求金融机构和交易主体的业务和风险水平是否合规。由于整个资本市场及整个经济系统是一个极其复杂的非线性系统，它存在着混沌效应。换言之，现货市场和期货市场虽是当前我国资本市场不可或缺的组成部分，但两个市场各自的稳定未必就能换来整个资本市场的稳定。就此而言，跨市场交易监管既要注意原有每个市场的审慎运营，又要密切关注两个市场间风险的生成与传播路径。简言之，跨市场监管具有与传统的一般分市场监管的共性，又具有其独特的"宏观审慎"特质。

---

① FSA, The Turner Review: A Regulatory response to the Global Banking Crisis, March 2009, p. 83.

第三节　跨市场交易监管的理论述评

　　跨市场交易监管本质上既为衍生的证券监管,当然也从属于衍生金融监管的范畴。因此,有关衍生金融市场监管理论同样适用于跨市场交易的监管。下面笔者以时间为轴,遵循衍生金融发展史上自由主义与国家干预主义两大理论流派相互碰撞与相互融合的演进路线,依衍生金融监管价值取向的落脚点不同,将其大体上划分为鼓励产品创新、微观审慎和宏微观审慎并重三个发展阶段。

一、20 世纪 70—90 年代的金融创新激励理论

　　前已述及,就世界而言,真正意义上的金融衍生产品肇端于 20 世纪 70 年代。在这一时期,恰逢西方资本主义世界陷入经济滞胀的发展困境。凯恩斯的政府干预主义学派因无法对此作出自圆其说而遭到了前所未有的挑战。越来越多的经济学家开始质疑政府管制金融的程度问题和政府解决金融体系不完备市场的能力,新自由主义经济思潮因此再次得以重生。在这之中,美国芝加哥大学著名经济学教授法玛(Fama)于 1970 年提出的"有效市场假设"理论就是一个典型的例证。该理论认为无论是现货抑或是期货,所有的金融资产市场都具有有效地调节资金分配的能力。换言之,任何金融资产价格都能根据相关的信息及时并充分地进行反映,以使投资者迅速地作出投资决策。[①]这是因为,在一个有效的市场中,金融资产的价格会围绕着其均衡价值上下浮动,不会长时期地偏离其均衡价格。以股票现货市场为例,若某只股票的价格过低,则获此消息的投资者会买入大赚一笔;如果价格过高,则投资者就会通过衍生市场做空来赚钱。同时,该理论认为衍生金融市场形成价格泡沫的见解不成立。这是因为精明的投资者会发现并戳破泡沫,因此即使有泡沫也不会持续存在。故对政府而言,企图与市场抗争或者对市场进行管制注定都是

---

　　① Fama. Efficient Capital Markets: A Review of Theory and Empirical Work. *Journal of Finance*, 1970(25), 1:1-21.

徒劳无益的。受此理论的影响,加之金融衍生产品本身风险的隐蔽性和复杂性,在1972年芝加哥商品交易所推出第一个金融衍生品到80年代末的近20年的漫长时间内,美国各界不论是理论界抑或监管当局,对包括股指期货在内的新生金融衍生产品是否应当监管,以及如何监管都尚存争议。或者说,彼时人们的探讨更多是集中在金融创新与金融监管关系定位的论证上。[①] 在此背景下,监管当局非但没有马上将对衍生金融市场的监管提到立法层面上来,而且还对新生的金融衍生品表现出应有的宽容和呵护。同"有效市场假设"理论一样,这一时期很多学者均主张政府在金融衍生品监管上应坚守固有的"守夜人"角色,不应过多介入。他们普遍恪守金融监管为创新服务的基调,故要么从鼓励创新和呵护创新的应然角度阐明了对金融衍生产品监管的动因,要么从现实监管手段不恰当的应然角度分析了创新对金融衍生产品的重要性。这其中以美国密西根大学的霍兰德(Holland)教授和哥伦比亚大学的哥德费尔德(Goldfeld)为代表。他们于1975年就撰文主张金融衍生品天生具有规避性和先验性两种类型的创新,政府的监管不是限制它,而应在承认和保护这两种创新的基础上进一步鼓励之。[②] 而持后者观点的有纽约大学的茜尔博(Silber)教授、北卡罗来纳大学的凯恩(Kane)博士和加州大学伯利克分校的米勒(Miller)教授等。如茜尔博教授就认为金融创新是微观金融组织为追求最大利润而寻求解脱或减轻其约束的行为。这种约束来源于政府外部监管和企业内部约束两方面,实质是对政府外部监管的一种反映。[③] 而凯恩博士则建立了"规避管制"理论和动态博弈模型,指出金融创新与金融监管存在密切联系:金融创新主要是金融机构为了获得利润而回避政府管制所引起。[④] 由此可见,虽然20世纪70—90年代的衍生金融监管理论表面上没有正面涉及

---

① 参见马凌霄等:《衍生金融市场监管的理论发展与国际实践》,载《商业经济与管理》2007年第2期。

② See Holland R. C. Speculation on Future Innovation: Implications for Monetary Control, Financial Innovation. Lexington, MA: D. C. Heath, 1975; Goldfeld S M. Comment: Speculation on Future Innovation, Financial Innovation Lexington, MA: D. C. Heath, 1975.

③ See Silber W. L. , The Process of Financial Innovation. *The American Economic Review*, 1983(5).

④ See Kane E. J. Impact of Regulation on Economic Behavior, *Journal of Money, Credit and Banking*, 1981(9).

对衍生金融产品的监管构建问题,但对金融监管都提出了鼓励和积极支持金融衍生产品创新的要求和愿望。以笔者见之,衍生金融产品本身就是人类利用基础金融工具不断创新之结果,或者说,创新本身就是衍生金融产品的生命线。因此,没有创新就没有金融衍生产品,更谈不上所谓的金融监管。就此意义而言,监管肇因于创新,特别是在衍生产品的发展初期,主张金融监管应呵护金融创新,不应对金融衍生产品作过多地限制和管理尤显现实意义。否则,一旦监管的尺度把握不当,就会以延迟衍生金融机构和金融产品的发展为代价,从而抑制金融衍生产品市场的形成。

二、20 世纪 90 年代至 2008 年间的微观审慎理论

进入 20 世纪 90 年代,以资本市场自由化、金融创新加速化和金融机构集聚化为序曲的金融全球化乐章奏响。如果说先前理论更多的是从鼓励创新的层面进行金融衍生产品监管的探究,那么,这一时期各国学者关于金融衍生产品监管的理论重心则从原有的鼓励金融创新转移到了金融衍生产品运作风险防范即微观审慎监管上。究其原因,这一时期,金融衍生产品市场上接连发生的一系列交易丑闻如 1995 年的英国巴林银行事件、1996 年的日本住友铜事件、1997 年的英国威斯敏斯特银行事件和 2008 年初的法国兴业银行事件等,不仅给从事期货交易的金融机构带来灭顶之灾,而且还引发了一定范围的金融震荡,使得人们从以往追捧金融自由主义的浪潮中调转船锚,开始认识到真正有效的金融监管不仅要给金融机构充分的创新空间和自由,还要对金融机构实施审慎监管,督促金融机构稳健经营和防范风险,否则会使政府监管陷入本身无法克服的失灵地带。如 1992 年哈佛大学的翰斯尔(Hansell)和哥渣礼(Gonzalez)教授就极力呼吁监管当局应通过立法方式对衍生的金融产品进行管制和限制,以防其为追求高额利润而陷入过度追求创新的误区。[①] 斯坦福大学的麦德逊(Madison)教授对资本要求与投机激励关系的分析,建立了资本监管的比较静态博弈模型,对资本监管的帕累托效率进行了研究,认为在金融自由化和充分竞争的市场环境下,如果不对各种金融衍生产品实行必要的

① See Saul Hansell, Why Derivatives Rattle the Regulators? *Inatitutional Investor*, 1992(9).

管制,则金融机构选择投机性资产的行为将不可避免。① 马克肯(Markham)
教授于 1998 年运用美国、英国和日本三个主要经济体 1980—1995 年的数据
研究了金融自由化与金融脆弱性之间的经验关系,得到金融自由化增加了衍
生交易风险发生可能性的结论。② 戴维斯(Davies)教授则进一步指出,加强衍
生品市场的监管不能停留在其业务和风险水平是否合规的层次上,而应重点
关注如何度量和防范金融机构在衍生交易中出现的各种风险。③ 路德格
(Ludger Henntschel)教授等通过对衍生金融市场的研究认为,加强金融衍生
品使用者和交易者自身的内部控制机制才是金融衍生品风险监管的最佳
途径。④

　　与上述学者们共同关注的一样,以巴塞尔委员会为代表的国际社会也开
始将目光投向衍生产品的风险防范问题。如 1994 年巴塞尔委员会与国际证
券监管组织联合共同发布的《衍生工具风险管理指南》特别强调银行和其他经
营衍生金融工具的证券商应建立完善的内部控制系统,建立以控制衍生金融
工具的市场风险和信用风险为主的自律性风险评估、管理组织。1995 年,国
际清算银行在对全球 20 多个国家外汇衍生市场的调查中也强调不能因为衍
生金融工具的表外业务性质而忽视对其风险的重视。整体而言,20 世纪 90
年代以后的衍生金融监管研究进入了正面触及单一金融衍生产品风险防范即
微观审慎的阶段。该阶段的金融监管理论呈现出的特点有:(1)理论研究与经
济变迁的关联更为密切。(2)理论性质逐渐由“纯理论”向“操作性理论”变迁,
理论的实践指导性大幅增强。(3)强调监管的目标在于个体的衍生产品和相
应的金融机构(如金融衍生品的使用者和交易者)经营风险的防控,主要包括
确立维护单一金融机构的稳健经营所要遵循的原则和方法,诸如资本充足率、
流动性、杠杆率等一系列监管指标,体现了金融稳定政策模式的微观审慎理

---

①　See Madison, Derivatives Regulation in the context of the Single Theory. *Columbia Business Law Review*, 1999(3).

②　Markham, A Comparative Analysis of Consolidated and Functional Regulation: Super Regulator: a Comparative Analysis of Securities and Derivatives Regulation in the United States, the United Kindom, and Japan. *Brooklyn Journal of International Law*, 2003(28).

③　Davies H. , Financial Regulation: Why Bother? Society of Business Economists lecture, 1999(1).

④　See Ludger Hentschel, Clifford W Smith. Derivatives Regulation: Implicaitions for Central Banks. *Journal of Monetary Economics*, 1997(40).

念,意即如果单家金融衍生机构实现了稳健经营,那么作为所有金融机构集合的金融体系就应该是稳定的。

三、2008 年金融危机后的宏微观审慎结合理论

进入 21 世纪,金融环境发生了重要变化,混业经营成为趋势,国际金融活动联系更加密切,系统性风险日益累积,监管协调机制研究的重要性逐渐凸显,金融监管研究偏重于金融监管制度的改革。尤其在 2008 年金融危机之后,人们深刻反思危机带来的教训,开始积极寻求各种解决方案。针对本次危机中暴露出的系统性风险监管缺位问题,各国政府普遍提倡加强金融监管,而在原有微观审慎基础上实施宏观审慎监管成为大多数学者的共识。相应地,在危机后各国推行的金融监管制度改革中,宏观审慎监管理念受到了前所未有的关注和重视。

可以说,"宏观审慎"概念的最早提出源自于 20 世纪 70 年代,但直到2008 年金融危机的爆发才引起大家足够的关注。究其原因在于此次危机中系统性风险防范的缺失。系统性风险具有极强的隐匿性、积累性和传染性,对国际金融体系和全球实体经济产生巨大的负外部性效应。对于系统性风险,人们只能针对其生成的原因防止其积累和爆发,但不能彻底消弭。而根据中外主要学者的分析,诱发系统性风险的原因主要有以下四个方面:(1)金融机构的道德风险。这主要是指大型金融机构,因其凭"大而不倒"地位预见到政府在其出现问题时会解囊相助,从而养成了追求高风险、高收益的投资偏好,增加了机构本身的运营风险。(2)金融机构风险的"外部性"。即在微观审慎监管体系下,每个机构都承担风险,但没有一个机构可以单独采取行动有效地管理这种风险,由此引发金融系统显著的负外部性。这些溢出效应不仅随着机构自身的膨胀而加剧,而且机构的相互传播也趋于频繁,在金融危机等极端情形下带来社会福利的重大损失,从而导致"大而不倒",形成典型的"公地悲剧"。(3)金融机构与投资者的信息不对称。随着现代金融创新工具的日新月异,特别是资产证券化衍生产品、场外衍生工具等结构性产品的不断涌现,加剧了投资者与融资者之间的信息不对称,从而使整个系统内隐匿的风险不断积聚。(4)金融机构的顺周期性问题。所谓顺周期性,是指金融系统内部以及金融系统与实体经济之间能够导致金融不稳定的放大(正反馈)机制。在这种机制的作用下,当所有的金融机构出于自身利润最大化或者稳健经营的目标而作出行动决策时,会出现个体行为与系统安全冲突的现象,即个体的最优选

择对整体来说可能并非是理性的，其结果是整个金融乃至经济系统的剧烈动荡。典型的如危机中的"资产减价销售"(Asset Fire-sales)。[①]

基于上述原因，加之 2008 年金融危机的锥心之痛，国际社会才注意到微观审慎在系统性风险防范方面的乏力与短板，故而非常迫切需要从宏观层面寻求防范与应对系统性风险的审慎监管工具。如 BIS 首席经济学家威廉·怀特(William R. White)指出，"美国次贷危机及其相关衍生品交易市场的崩溃只是一个导火线，并非问题的本质。建立一个全新的宏观金融稳定框架才是当前最重要的任务"。[②] 鉴于此，各国监管当局和学者们普遍意识到金融监管不仅要注意既有的针对单个金融机构的微观审慎监管，还应重视对系统性风险的监管，即宏观审慎监管。如在 2009 年 4 月的 G20 伦敦峰会上，与会的各国首脑在加强宏观审慎监管上达成了共识，在其联合发表的《强化合理监管，提高透明度》的报告中，提出宏观审慎监管是微观审慎监管的重要补充。紧接着，巴塞尔委员会也于 2010 年底出台了《巴塞尔资本协议Ⅲ》，更正了以往资本协议只专注于单个金融机构风险而忽视系统性风险的缺陷，不仅加强了对单个金融机构的风险监管，而且更加注重对整个金融体系的系统性风险控制，建立了宏微观审慎监管有机结合的新型金融监管模式。这是宏观审慎与微观审慎两者互为依存、互为补充的内在运行机理所致。在当前金融全球化与一体化的背景下，微观审慎的推进必须在宏观审慎的统摄下才能增进和达致金融稳定的效果，而宏观审慎工具的具体实施和目标实现也离不开微观审慎的支持。可以说，今天的宏观审慎不再是一个纯粹与微观审慎相对的概念，而是一种须臾离不开微观审慎配合支持的机制理念。有学者因此主张，与其说危机后国际社会倡导的是宏观审慎，还不如说是一种宏微观审慎并重的监管协调机制。[③]

综观世界金融发展史，金融监管是防范和化解金融风险的重要制度保障，

---

① 即个体的金融机构竞相减价销售导致了资产价格下降，融资流动性枯竭和信贷紧缩，致使许多原本流动性充足的金融机构因市场参与者减价销售，变得流动性匮乏而倒闭，从而加剧了系统性风险的生成。

② William R. White, Pass Financial Crises, the Current Financial Turmoil, and the need for a new Macro-financial Stability Framework, *Journal of Financial Stability*, 2008 (4), p. 309.

③ Borio C., Implementing the Macro-prudential Approach to Financial Regulation and Supervision. *Bank of France Financial Stability Review*. September, 2009.

没有强大和卓有成效的金融监管,单凭市场自身的调节不会使得金融危机有序解决。但是,2008 年金融危机再次证明,市场经济所需的监管绝非仅仅是传统的微观意义上的监管,而是一种宏微观审慎兼具的新型监管模式。这种监管模式已然成为后危机时代国际金融监管改革的主旋律。正是在这种宏微观审慎并重的监管理论指导下,境外各主要经济体纷纷从以下几个方面加强和构筑了金融衍生市场宏微观审慎监管的架构:(1)将场外衍生品市场纳入监管范畴,规定衍生品市场必须通过中央对手方完成,并集中清算;(2)构建了以防范股票现货与股指期货的跨市场风险为目标的跨市场交易监管;(3)强化了衍生产品市场的国际监管协调,防止市场风险跨性传播。

第四节　跨市场交易监管的目标与原则

一、跨市场交易监管的目标

　　股指期货与股票现货市场间固有的风险关联性,加之各种不当的跨市场交易行为可能触发的潜在系统性风险共同构成了跨市场交易监管的生态背景。这种背景决定了跨市场交易监管不同于一般的分市场监管,其价值维度不仅要打击跨市的违法、违规行为,保护投资者不受内幕交易、市场操纵、证券欺诈等不当行为的危害,还要降低两市的风险关联,防范风险跨市蔓延形成系统性风险,动摇整个资本市场体系的稳定。正如巴塞尔委员会所指出的那样,金融监管本身不能也不应该保证任何金融机构绝对不出现任何风险。因此,跨市场交易监管概莫能外。具言之,我国股指期货和股票跨市场风险监管目标可以概括为如下两点:一是风险的防范与控制。这一目标的提出是基于跨市场交易具有高杠杆性与高流动性等特点,一旦市场发生系统性风险,就可能在各金融市场之间传染,进而引发较大的金融风险。因此,监管部门通过制定法律、法规与政策等手段来防范跨市场操纵和跨市场风险的积蓄与蔓延,以便及时发现和制止市场参与者跨市场交易的违法违规行为,保障股指期货市场和股票市场的安全性和流动性,促进股指期货市场和股票市场的稳健经营,为金融机构的公平竞争提供良好的制度环境。二是市场有效性目标。由于股指期货以股票现货市场为基础,而股票现货市场本身是一个集中化的竞价市场,

股指期货和股票现货跨市场交易监管研究

厦门大学法学院经济法学文库

信息透明度高,资产流动性强。跨市场交易可使期货与现货之间的基差保持在一定范围内,使之基本符合"一价定律"。如果要改变股指期货的价格,就必须改变现货市场的估值。因此,在保证市场安全的情况下,跨市场监管也要兼顾股指期货和股票市场的基本功能,通过法规和行政等手段努力确保两个市场间的信息交换畅通,既实现股指期货的价格发现和风险规避功能,又能发挥股票市场的资源配置功能,从而提高整个证券市场的运行效率。

二、跨市场交易监管的原则

随着我国资本市场的不断发展和股指期货的挂牌上市,对股票现货与股指期货市场的跨市场交易监管也被日益提到一国监管大局的议程上来。因此,面对日益兴起的股指期货市场,如何构建适合我国资本市场发展实际所需的跨市场交易监管机制颇显必要。依笔者之见,我国跨市场交易监管机制的构建应遵循如下几个原则。

(一)维护投资者合法权益

期货市场是大众参与的公共性市场,然而相比期货交易所、期货公司而言,大多数个人投资者囿于专业知识和投资经验的缺乏,在通过期货中介机构的交易中,极易被误导和欺骗;同时他们又是期货投资风险和亏损的直接承担者,如果没有他们的积极参与和风险分担,则期货市场的价格发现与套期保值功能就难以为继。就此而言,如果跨市场交易监管当局对中小投资者保护不力,将会打击他们对市场的信心。而中小投资者对期货市场的信心又是市场得以存在和发展的基本保证。[1] 因此,一个存在欺诈、内幕交易、操纵市场和过度投机的市场注定不会有投资者的广泛参与,这需要跨市场交易监管首先应以维护投资者合法权益为重,避免股指期货合约沦为技术性赌博工具。需要指出的是,在跨市场交易监管中,维护投资者合法权益并非担保所有投资者只盈不亏,而是要求所有的市场交易规则和监管措施的安排必须做到公开、公平与公正,确保市场参与者都能按照市场经济的运行规则做出适当行为,在相互尊重对方利益的基础上进行风险定价和资源配置,从而避免他们合法权益不会因市场失灵及各种不当行为的侵扰而受到损害。

---

[1] 周小川:《在期货业协会成立大会上的讲话》,载《中国证券报》2000 年 12 月 31 日,第 1 版。

（二）宏微观审慎并重

无论是 1997 年的亚洲金融危机，或是 20 世纪 80 年代的美国储贷危机，还是晚近的 2008 年金融危机，都显示出国际金融监管中宏观审慎缺位的缺陷。通常，从微观审慎的角度来看，单个金融机构经营稳健，各项微观指标（如资本充足率、流动性、不良贷款率等）均符合当局事先制定的要求，运作良好，但从宏观审慎角度看，这些运作良好的个体金融机构因同质化经营可能会出现"合成谬误"，引发金融失衡和系统性风险。可见，微观审慎这种"只见树木，不见森林"的监管思路带有理念上的缺陷，即它没有充分考虑到单个市场参与者之间千丝万缕的联系以及由此产生的顺周期扩张的负面效应[①]，从而容易引发"一荣俱荣，一损俱损"的系统性风险。以 2008 年肆虐全球的美国金融危机为例，人们一般认为危机是肇因于美国房地产抵押市场的非理性发展所导致的房地产泡沫的破裂，但实际上，真正击倒贝尔斯登、雷曼、AIG 以及"两房"等金融巨头的却是诸如债务担保证券（CDO）与信用违约掉期（CDS）这类的结构化金融衍生产品的过度开发与买卖。正是这些游离于传统的微观审慎监管范畴之外的表外金融衍生产品使得任何一种市场的风险得以在另外一个市场中迅速传递和蔓延，最终相互交织聚集成系统性风险，酿成愈演愈烈的金融危机。

因此，随着金融全球化趋势日益明显，在微观审慎基础上加强宏观审慎监管成为我国今后跨市场交易监管构建的应有之义。具体而言，我国的跨市场交易监管可从两个层次展开：第一个层次仍然要夯实现有的微观审慎监管基础：包括股票与股指市场的跨市场登记、信息监管、跨市场操纵及机构投资者的内控机制、投资者适当性制度等，目的意在限制金融活动的周期性，减少期货金融机构的个体风险。第二个层次是宏观审慎监管中所使用的指标与方法要适当多样化，去除其单一性。监管措施不应仅仅是对期货金融机构实行简单的、自发的或强制性的政策监管，还需要使用一系列方法来切断现货与期货两市场间的风险感染，比如跨市场协调机制与价格稳定机制的构建等。

（三）政府监管与自律监管并重

前已述及，跨市场交易是一种场内的证券交易，因此从各国的经验来看，证券（期货）交易所的自律监管构成一国跨市场交易监管不可或缺的组成部

---

① Rüdiger von Rosen：《后危机时期主要金融市场监管改革述评》，中国证监会与德国技术合作公司合作研究课题报告，2010 年 6 月 30 日，第 17 页。

分。可以说，期货交易能否实现其基本的经济功能，在很大程度上取决于证券（期货）交易所的自我管理能力，这是因为证券（期货）交易所作为期货市场最基本的管理和执行机构，其制定的交易秩序是市场平稳运转的制度保证。此外，行业协会对其会员单位的内部管理也是构成现代市场经济自律监管的又一组成部分。尤其对证券期货业而言，其交易、结算、交割和中介服务等业务都有极强的特殊性和专业性，更需要行业协会统一加强证券（期货）从业机构之间的内部联系、协调、合作和自我约束。然而，行业协会的利益并不等于公众利益，自律监管固有的局限性决定了如果不对之加以干涉，则整个证券期货市场很容易因利益冲突与自然垄断等而走向分裂和混乱，故其急需外在的力量即行政监管来加以矫正。换言之，现货与期货市场的缺陷单靠自律监管难以有效地解决，必须从外部对其进行有效的监管。而长期以来证券市场的发展经验也表明，政府监管也会存在失灵，过度的政府监管也会破坏证券市场的健康发展。在历经此次金融危机的锥心之痛后，各国进一步认识到，只有将市场机制与政府监管有机结合起来，合理平衡二者的关系，才能达到促进经济持续健康发展的制度功效。因此，在后危机时代，境外主要发达体并没有简单地用政府监管取代市场，而是在尊重市场本位的基础上，对现行监管体系进行了一系列的改革，特别是重新划分监管权限和职能，以更合理地平衡政府监管与自律监管的关系。

（四）市场安全与创新并重

安全是任何交易最基本的要求，跨市场交易也不例外。如果跨市场交易风险很大，很不安全，那么投资者就会对市场丧失信心，交易就难以展开。因此，通过防范和控制市场风险来维系市场安全是跨市场交易监管的前提。当然，鉴于期货本是金融创新的产物，天生就有追求市场效率的本性。可以说，期货市场的效率表现在两个方面：一是期货市场能形成均衡价格，且该价格能准确地反映价值；二是能够按照均衡价格迅速成交，投资者可以便捷地找到交易对手，进出市场非常自由，并且不会引起价格的剧烈波动。目前生产的国际化、投资的跨国化及融资工具的趋同化趋势无疑会使投资者对股指期货市场产生越来越多的个性化需求，这就要求跨市场交易监管的构建必须认可和尊重期货市场固有的创新性与灵活性。事实上，监管是为了更快地发展，而发展离不开金融创新。跨市场交易监管模式的设计就要在"金融创新"与"金融安全"之间找到平衡，实现"安全的创新"，从而促进期货市场的持续、健康发展。

第五节　跨市场交易的监管机构

在金融衍生工具日新月异、创新层出不穷和产品结构发展日趋复杂化的今天,各国或地区无不通过立法赋予专门国家机关或部门以跨市场交易监管的权限。此外,作为由市场参与者自发组成的自律组织,在组织会员的授权下也在一线现场参与了跨市场交易的监管。因此,综合世界各国现行的法律监管安排,跨市场交易的监管机构大致分为两类:一类是官方机构,即由专门立法授权的证券或期货行政监管机构;另一类是非官方机构,即由市场自发形成的非政府自治主体,如期货行业协会和期货交易所。前者在性质上属于行政监管,后者则属于自律监管。

一、官方机构

所谓跨市场交易监管的官方机构,就是指拥有对金融衍生市场和现货市场监管权的政府行政机关或具有公共管理职能的政府组织。这些行政机关或政府组织依据法律、法规的授权,运用法律的、经济的以及行政的手段,对期货市场及其参与者的各种跨市场交易行为实施监督和管理。一般而言,各国的法律是通过以下两种方式授予专门政府机关或组织对证券或期货业实施监管的:一是直接授权,即由国会立法,将证券或期货监管权直接授予某一特定的政府机构或组织。例如,美国国会分别通过 1934 年的《证券交易法》和 1978年的《商品期货交易法》赋予 SEC 和 CFTC 全美证券市场及期货市场的监管权。英国于 2001 年生效的《金融服务与市场法》直接成立并授予金融服务管理局(Financial Services Authority,FSA)享有获得涵盖证券业和期货业在内的整个资本市场的监管权。日本则依据 1948 年的《证券和交易所法》建立美国式的证券交易委员会,1952 年再以立法修正案的形式将之撤销、代之以财政部管理机制。二是间接授权,即不将证券期货业的监管权全部通过一部法律直接集中授予某一特定的机构或组织,而是由政府的组成机构根据自身职能的需要由多部法律、法规来确定某一机构所应承担的证券期货监管职责。这在大陆法系的国家中较为普遍。如日本 2003 年通过《金融商品交易法》设立了证券和交易所监督委员会,但该委员会的具体职能和授权则由财务省依

股指期货和股票现货跨市场交易监管研究

厦门大学法学院经济法学文库

据《财务省法》和《国家行政组织法》分别赋予。[①] 我国也是一样,根据《证券法》《股票发行与交易管理暂行条例》《期货交易管理暂行条例》和《国务院办公厅关于印发中国证券监督管理委员会职能配置、内设机构和人员编制规定的通知》等授权国务院证券监督管理机构对全国证券期货市场实行集中统一的监督管理,[②]然后由国务院通过制定"三定方案"的方式授权证监会承担此职责,从而将证券、期货的监管权统一间接授予证监会。[③]

然而,无论是立法的直接授权抑或是间接授权,以上各机构都是代表国家行使证券、期货业监管的职能部门,在性质上都属于官方机构。概括而言,其具有以下五个鲜明特征:一是合法性。证券、期货业的行政监管不同于计划经济体制下的行政主管,其强调监管权力来源的合法性。即监管机构手中的行政监管权力不是来自上一级行政机关的授意或委托,而是由全国性的证券市场法律、法规明文规定授予的,是国家依法行政的产物。二是集中性。证券、期货业的行政监管权力一般由政府建立的专门性监管机构集中统一行使。该机构地位相对超脱于其他同级行政机关,能协调一国境内的所有地方证券期货市场,可突破地域的监管界限。三是强制性。证券、期货业的行政监管权是行政执法权、准立法权和准司法权的复合体,是一种综合性国家权力。其以国家强制力做保障,有足够的权威来维护跨市场的交易秩序,可以禁止、要求或限制证券期货市场中的一些活动或行为。四是主动性。证券、期货业行政监管机构既可以根据本国证券、期货市场的发展状况及自身对市场的认知主动运用法律赋予的立法权制定各种部门规章以维护跨市场交易所需的秩序,也可以运用手中执法权对市场已有的或潜在的各种涉嫌违法行为进行查处和制约。五是灵活性。证券、期货行政监管既可通过法律手段,也可以通过经济或行政等手段来进行。特别是监管中出现法律调整空白或法律手段在执行中遇到解决不了的问题时,各种行政手段甚至行政领导的个人魅力等都可以凭借

---

① 参见日本《财务省法》第 7 条、日本《国家行政组织法》第 8 条之规定。

② 如没有特别说明,本书所指的《公司法》与《证券法》均指 2005 年修订后的《中华人民共和国公司法》与《中华人民共和国证券法》。故该授权规定可见诸《公司法》第 93 条、第 129 条与《证券法》第 7 条。虽然中国证监会事实上是我国主管证券业监管业务的国家机关,但我国的《证券法》在立法上并没有正面出现过"中国证监会"字眼。其监管权限的来源应该是通过国务院"三定方案"的授权。

③ 这里的"三定方案"是指《中国证券监督管理委员会职能配置、内设机构和人员编制规定》。

其固有的宏观化、非程序化和权威化的灵活方式弥补法律手段的调整不足或作为后盾支撑法律手段的执行。

二、非官方机构

金融衍生工具是金融自由化的产物，境外的多数国家或地区对包括期货在内的金融衍生市场的监管都能充分调动各种自律组织或机构的自律监管作用。典型的如英国，其跨市场监管主要以自律监管为主导，监管主体表现为各证券、期货交易所和清算所。[①] 在这之中，伦敦国际金融期货期权交易所就是典型的一例，其作为全球最著名的股票和指数衍生产品交易所，一直以英国期货市场交易监管的一线机构自居。又如，美国跨市场的自律监管主体为全国证券交易商协会（National Association of Securities Dealers，NASD）、全国期货业协会（National Future Association，NFA）和美国期货交易所。这些组织和机构构成了美国跨市场的自律监管体系，享有组织协会或交易所成员一致授予的监管职权。在日本，跨市场自律监管主体有日本证券业协会、日本商品期货交易协会、日本商品交易受托债务补偿基金协会等。在我国，前已述及，包括上交所、深交所、中金所、登记公司和监控中心在内的"五方"机构已签署了股票市场和股指期货市场跨市场监管协作系列协议，包括：《跨市场监管备忘录》《跨市场监管信息交换操作规程》《跨市场监管反操纵操作规程》与《跨市场监管突发事件应急预案》。通过这些协议，这五个非官方机构相互确立了包括信息交换机制、风险预警机制、共同风险控制机制和联合调查机制等在内的跨市场交易监管的协作机制。由此可见，我国的跨市场交易监管除了中国证监会这一官方监管机构之外，还囊括了上述五家非官方监管机构。

---

① 股指期货交易是典型的杠杆交易工具，其价格风险、市场风险容易积聚而形成更大的结算风险。因此，清算所的风险监管，也构成对应证券期货交易所自律监管的重要补充。清算所的这种风险监管制度包括结算会员制度、保证金制度、财务安全保障制度、处理违约行为制度。通常而言，清算所从属于证券期货交易所，但有的国家将两者分开设立，故本书在此将两者并列论之。下文若没有特别说明，本书论及的期货交易所的自律监管均涵盖了清算所的这种风险监管。

第三章

跨市场交易监管的实践观照：
境外的做法与启示

　　股指期货作为金融衍生工具的一种，在海外已有 30 多年的发展历史，发达国家或地区在期货市场方面已积累了相当丰富的监管经验。而反观国内，股指期货相对我国而言尚属一种金融创新工具，我国对其和股票现货的跨市场监管缺乏足够的经验，当前的制度设计主要都是一种典型的"事前规则"。是故，本章秉承"取其精华、去其糟粕"的理念，通过对以美国为代表的主要国家或地区跨市场交易监管制度的介绍与剖析，总结出其中能为我们国家所用的成功经验，意在推进我国跨市场交易监管法律制度的本土化探索和创新。

第一节　美国跨市场交易监管的法律制度

一、美国跨市场交易的监管框架

　　作为全世界期货交易的发源地，从 1848 年芝加哥期货交易所成立伊始，特别是随着 1922 年的《谷物期货交易法》、1936 年的《商品交易所法》和 1974 年《商品交易委员会法》的接连出台，为美国取得世界（商品）期货市场监管的领先地位奠定了基础。因此，当 1982 年 2 月 24 日首份股指期货合约在美国上市伊始，美国就将其纳入既有的商品期货法律监管框架内：不仅各交易所相

继出台了系列合理化、正规化的股指期货交易规则,而且相关政府监管部门(如 CFTC 和 SEC)也在各自监管领域制定了若干跨市场交易监管法律制度,以对股指期货交易给予积极的引导和支持。概言之,在跨市场交易监管的架构上,美国从一开始就形成了由 CFTC 和 SEC 主导的政府行政监管、交易所及行业协会自律监管的二元三级监管态势。可以说,这种既分割又协作的监管架构为美国股指期货市场的快速发展奠定了基础,为大多数国家引入和开展股指期货交易所效仿和借鉴。

(一)行政监管:CFTC 和 SEC 并驾齐驱

1974 年以前,美国期货市场缺乏专门意义上的政府监管机构,基本上是交易所的自律监管一统天下。即交易所通过设置理事会、专业委员会及各职能部门,执行自身制定的交易规则实施自我管理,政府在此方面扮演着"消极守夜人"的角色。随着 20 世纪 70 年代初金融期货衍生产品在美国的出现,这种由交易所主导的监管局面开始逐渐发生改变。面对着日益增长的期货市场交易,交易所各自为政的自律监管越来越呈现出其固有的瓶颈。于是,国会于 1974 年 10 月对 1936 年的《商品交易所法》作了修改,将其更名为《商品交易委员会法》。改后的《商品交易委员会法》首先将法律管辖的期货范畴从物质商品扩展到金融商品期货,涵盖外汇、利率、股价指数等;其次组建了全国商品期货交易委员会即 CFTC,以取代既往的美国农业部商品交易管理局,统一负责对所有期货产品的监管工作。CFTC 作为美国期货市场的最高管理和监督机构,有权对美国的所有期货、期权交易活动进行监督管理,包括对所有期货交易主体资格的确认、交易行为的审核特别是通过对价格操纵、市场垄断、客户欺诈、不正当经营等扰乱股指期货市场行为的惩治来维持期货市场的稳定、有序以及期货交易活动的公平、公开和公正。

根据 1974 年《商品交易委员会法》的规定,CFTC 由 5 名委员组成(其中不得有 3 人出自同一政党),由总统提名后经参议院批准后任命。同时,CFTC 下设经济分析部、市场交易部和稽核执行部,对主席负责,其监管权限包括:(1)根据法案对其的授权以及其他美国国会通过的相关法案的内容,制定有关股指期货的交易规则和监管规则。(2)实施对各个交易所的监管,所有期货交易所制定的章程规则和业务细则都要由委员会的审核通过才能够生效。并且委员会对各个期货交易所对于法律法规的执行情况还有监督权,可以指派代表进入各期货交易所的场所内进行检查活动。(3)期货交易所设立要经过委员会的批准,同时,期货交易所的会员和经纪人资格也都要由商品期货交易委员会审核批准。并且期货交易所进行交易的期货品种的上市也要经过商品期货委员会的批准，否则都是属于违法交易。(4)对期货交易市场交易的整体交易秩序进行分析和监控，对垄断市场、操纵价格、欺诈客户、不正当经营等行为进行防范，以此来避免期货市场产品价格的不正常偏差和期货市场交易秩序的混乱。此外，该法还明确规定，各州政府不得颁布与期货交易有关的法律、法规，已有的涉及期货市场的所有州立法一律无效，从而确立了联邦政府统一管理期货市场的权威。

CFTC虽为美国专门性的期货行政监管机构，但其期货市场的监管并不能构成美国期货市场行政监管的全貌。基于股指期货合约本质上也是一种特殊的证券产品(衍生金融证券)，作为全美专门性的证券行政监管机构，SEC为减缓跨市场交易对证券现货市场的冲击和防止证券现货投资者利用期货进行过度冒险、投机和欺诈活动，也积极参与到期货和现货的跨市场交易监管活动。因此，当1979年4月，KCBT向国会提交一份报告，建议以价值线综合指数作为交易标的指数开展股指期货合约交易时，SEC就以该指数合约本质上为有价证券，会对股票现货市场形成冲击为由主张分享对股指期货的监管权。当时的SEC主席约翰·夏德(John Shad)主张股指期货交易对股票现货市场的影响不在CFTC原本的监管范畴之内，提议美国国会干脆重新修改1974年的《商品交易委员会法》，将股指期货合约的监管从CFTC监管对象中剥离出来交由SEC。于是，SEC与CFTC在新生的股指期货合约管辖权上扮演了一场"争夺战"，最终导致了KCBT的这一修改报告再度被搁浅。CFTC主席菲利普·M.约翰逊(Phlip M. Johnson)和SEC主席约翰·夏德代表各自的机构为此展开了管辖权协调工作，直至1982年才达致名为夏德—约翰逊协议。该协议确立了以"监管目标测试"(Goals Test)为标准来区分各自监管职能的方法。即SEC的监管目标是促进资本形成，所以它应当关注以投资目的为基础的市场和产品；而CFTC的目标是促进价格风险的转移，因此它监管的应是那些服务于套期保值和价格发现功能的市场和产品，从而初步厘清两者管辖权纷争的障碍，促使上述的KCBT修改报告于1982年2月16日得以正式通过。美国历史上首份价值线综合指数期货合约终于瓜熟蒂落，进行公开挂牌上市。与此同时，夏德—约翰逊协议也经国会同一天批准成为法案。1983年，国会以该协议法案为基础，对1978年《商品期货交易法》进行了修改，对CFTC与SEC的监管权作了明确界定，规定CFTC对所有交易所内的商品期货和期权期货合约等交易拥有独占的管辖权，并有权批准股指期货新

合约的上市。① 但如果 CFTC 在其管理业务活动中牵涉到 SEC 和财政部、联邦储备局各自管理的业务时,要向后几个机构通报和征询他们的意见,且 SEC 拥有对新批准拟上市的股指期货合约的否决权,但这种否决权的行使须遵循如下三条准则:(1)合约必须采用现金交易;(2)确保合约不易受到操纵;(3)合约指数必须反映全部或大部分公开上市的债权或债务证券的交易业务。此外,修正案也认可了 SEC 对证券期权和股票指数期权的监管权,允许 SEC 从透明度、价格报告、成交量限制、反市场操纵和审计跟踪、保证金要求等方面对涉及跨市场交易的股指期货合约和交易所实施监管。

而在场外市场监管中,CFTC 与 SEC 总体上市按照金融衍生工具的内容和交易参与人的行业类别来划分的。具体而言,如果是证券公司或上市公司从事的与证券相关的衍生品场外交易,则由 SEC 监管;期货交易商以及证券公司或上市公司从事的与期货相关的衍生品场外交易,则由 CFTC 监管。从实际情况看,2008 年金融危机之前,上述对场外金融衍生工具管辖权的划分主要停留在原则层面,立法者及监管者对场外金融衍生工具市场基本上采取不干预政策,市场风险主要依靠市场参与者的自我防范和行业协会的自律管理。然而,恰恰是这些被排除在实际监管范畴之外的场外金融衍生产品铸就了美国次贷危机。为此,美国开始反思行政监管对场外金融衍生品的超然态度,检讨自主管理、自律监管的缺失,开始逐步考虑将场外金融衍生品纳入政府的行政监管。2009 年 5 月,美国政府发布了场外衍生品交易新监管框架,主要包括两个要点:第一,修订既有的商品交易法和证券法,要求所有标准化的场外合约必须通过受监管的中央交易所(CCPS)统一进行清算,通过充足的保证金覆盖及其他必要的风险控制措施,确保定制化的场外合约不被用作规避中央交易所清算的手段。如果某一特定场外衍生产品已在一家或多家中央交易所接受清算,即默认该产品为标准化的场外合约,应纳入统一清算的范围。第二,提高场外衍生品市场的效率和透明度,拟授权商品期货交易委员会和证券交易委员会对场外市场进行监管,要求所有未经中央交易所清算的合约均应向受监管的交易所报告,未经过中央交易所进行标准化交易结算的交易应当做好记录备案,结算部门应向公众提供市场敞口头寸和交易总量等数

---

① 当然,此次修改也规定了 CFTC 批准股指期货等新合约在交易所挂牌上市的条件,即任何交易所推出的合约必须证明合约符合商业需要,且可以有效地用来保值,有足够的可交割量以防止市场操纵,具有价格发现功能并且符合公众利益。

据。2010 年 7 月，美国出台了《多德—弗兰克华尔街改革与消费者保护法案》(Dodd-Frank Wall Street Reform and Consumer Protection Act，以下简称《多德—弗兰克法案》)，要求日常衍生品在交易所或类似电子交易系统中交易，并通过清算所进行清算；定制的掉期产品交易将仍可以在场外市场进行，但相关交易必须上报至中央储存库，以便监管机构能够对整体市场形势有更加全面的掌握。同时，为解决商品期货交易委员会(CFTC)与 SEC 长期以来因相互推诿导致债务担保证券(CDO)、信用违约掉期(CDS)等新型衍生品监管无人问津的局面，《多德—弗兰克法案》又明确了场外衍生产品市场监管主体的权限，即又补充增加了 CFTC 与 SEC 对将一些新型场外衍生产品的监管分工。如对于双方关注的掉期合约，《多德—弗兰克法案》以"掉期(Swaps)"和"证券掉期(Security-Based Swaps)"为划分依据，授权 CFTC 管理掉期、掉期交易商和主要的证券掉期参与者，授权 SEC 管理证券掉期、证券掉期交易商和主要的证券掉期参与者。而对那些具有掉期特征又兼具证券掉期特征的衍生品则同时要接受双方的双重管辖。并明确将两者及其相关交易参与者的监管权对应授予 CFTC 与 SEC。如双方不能协调统一，金融稳定监管局将制定相应规则并负责执行。

总之，CFTC 和 SEC 作为法定的行政监管机构，它们专业性强、权威性高，具有一定的立法权和准司法权，既彼此分工又相互合作，共同行使联邦政府对跨市场交易监管的职能，是美国期货市场得以健康快速发展的两大支柱。

(二)自律监管之一：期货交易所的监管

由于期货交易所处于整个股指期货交易成交的撮合地，交易信息的汇聚地和发散地，故其在整个股指期货交易中处于中心地位，是防范交易风险的第一道防线。因此，期货交易所的自律监管是跨市场交易监管中较为重要的一环。一般而言，期货交易所都是通过设置市场准入制度、信息交换制度和联合监管制度等来实现自律监管的功能，具体工作都由其内设的场内监督委员会、仲裁委员会以及道德委员会等职能部门的互相协作来完成。具体而言，这三个委员会的职能分工为：场内监督委员会主要负责防止场内交易人员的违规交易行为；仲裁委员会负责协调处理会员与会员之间、会员与其他人员之间的各种交易纠纷；道德委员会主要在于负责调查交易所会员是否存在内幕交易、虚假陈述、市场操纵等不当行为。在美国，股指期货合约如道琼斯、标准普尔等都是在 CME 或 CBOT 等商品期货交易所挂牌交易，故对股指期货的这种自律监管主要由各个期货交易所分别进行。最近，美国的期货交易所相互进行了多起合并，呈现出集团化的发展方向。如 2006 年 10 月 17 日，CME 和

CBOT 进行合并,由此诞生了迄今为止全球最大的期货交易所——芝加哥交易所集团(CME Group Inc.)。在这次合并后不到两年时间内,芝加哥商业交易所集团与纽约商品交易所达成收购协议,将纽约商品交易所纳入麾下。这些并购活动壮大了芝加哥交易所集团的实力和规模,特别是在指数期货交易市场方面。芝加哥商业交易集团目前提供多个主要指数的期货交易,其中包括:标普 500 指数、纳斯达克 100 指数、道琼工业平均指数,等等。[①]

尽管在美国经营金融衍生工具的交易所比较多,但不管规模大小,这些交易所内部的治理机构可谓大同小异。通常而言,交易所权力机构为会员大会(股东大会),执行机构为理事会(董事会),其职责包括:(1)审定修改期货交易规则和细则,经 CFTC 核准后成为期货交易的行为准则;(2)市场准入方面,审核批准会员资格;(3)监控会员最低保证金及持仓限额,收集和发布期货价格信息,保证交易合约的正常履行;(4)对期货交易进行一线监管,确保期货交易在"三公"原则下进行,并及时向政府机构反馈运行信息;(5)管理期货市场的交易行为,确保所有结算会员及其客户不受结算过程中违约者的影响;(6)对市场违法违规行为进行行政处罚及刑事申诉,通过仲裁协调交易纠纷,监督法律法规的执行情况。

可以说,通过 100 多年的发展,美国期货交易所在自律监管方面已积累了较丰富的经验,制定了比较完备的交易细则,在很大程度上保证了美国股指期货市场的交易安全,在美国期货监管体制中发挥着基础性的作用。[②]

(三)自律监管之二:期货行业协会的监管

行业协会的自我监管亦为自律监管的另一表现。在美国,期货行业协会即为全美期货业协会(National Futures Association, NFA)。NFA 是根据 1978 年《商品期货交易法》第 17 节的授权规定组建的期货行业自律组织,也是美国唯一的期货行业自律组织。作为非盈利性会员制组织,NFA 在美国期货管理机构中占有重要的地位。[③] 1981 年 9 月 22 日,CFTC 接受 NFA 正式成为"注册期货协会",1982 年 10 月 1 日,NFA 正式开始运作。从内部结构上看,NFA 有 45 位理事成员,其中有 13 位成员来自期货经纪及中间经纪商,10 位来自期货交易所,10 位来自其他期货行业,6 位来自社会人士,组织成员

---

① 这是笔者根据芝加哥商业交易集团官方网站资料总结出来的。

② 徐家力:《期货交易法律制度研究》,中国政法大学出版社 2000 年版,第 65 页。

③ 1978 年《商品期货交易法》第 17 节源自 1974 年的《商品期货交易委员会法》第三章,该部分规定了期货协会的登记注册和 CFTC 对期货专业人员自律管理协会的监管。

涵盖面广泛,包括期货经纪商、期货交易顾问、基金组织、交易所、社会公众及有关商业机构。[①] 为了避免与现有期货交易所在业务上出现重叠,以管理政府和交易所不便管理的事务,NFA规定对于全国期货协会会员中的期货经纪商(FCM)和期货交易辅助人(IB),如其为一家或数家交易所会员时,则由会员指定的自律机构负责监督该会员的财务状况,如果不是交易所会员,则NFA为其指定的自律机构。[②]

根据NFA官方网站显示,NFA的监管职责主要包括:(1)监测违规行为。要对违规行为进行监管,首先就要监控股指期货交易投资者和中介机构的财务情况,定期对这两类主体的资本额、财务状况和资金持有状况进行审计和监督,同时还要监测他们对交易规则的执行情况。一旦他们出现了违规的行为,NFA能够立刻发现,然后通过对涉嫌违规的主体进行调查取证,分析相关的账户和资金情况,收集各方面的信息来决定主体是否违规以及违规的严重程度。(2)披露违规行为。一旦上述主体被调查并被认定为确实做出了违规行为,那么NFA将会在其官网上把违规行为及其实施者的具体情况予以公布,并且在事后会对相关责任人进行严格的处理。这样的做法可以起到警示其他投资主体的作用,并且还能够强化相关主体遵守职业道德的意识,保护其他交易参与者的经济利益。(3)定期考核股指期货从业人员。NFA对于那些将要在CFTC进行注册的交易主体进行资格的审核,同时对于那些已经成为协会会员的交易参与者的资格也要进行定期考核,以确定他们资格的去留。美国国家期货协会还在内部成立了资讯中心,收集和登记了所有会员的信息,以便在需要时,可以提供会员的信用资料。与此同时,协会还负责向其会员及公众普及股指期货交易的知识。(4)提供仲裁系统,NFA还设立了专门的仲裁系统,有了这个仲裁机构,会员之间一旦发生了纠纷,该协会就可以直接进行仲裁,而不需要去法院进行诉讼。并且协会对于仲裁的法律效力还进行了规定,一旦仲裁生效将不得上诉。如果出现了会员不执行仲裁决定的情况,协

---

① 1978年《强迫实施会员制法》强制要求期货经纪商、交易所、投资顾问、基金组织等服务机构加入协会,而银行、商业机构及个人除外。

② 陈欣:《衍生交易的国际监管制度研究》,厦门大学2005年博士学位论文,第121页。

会将视情况对其进行程度不同的处罚。[①]

可见,作为由期货市场自身会员组成的 NFA 代表了期货行业主体的自身利益,反映了整个行业的呼声和要求,有利于解决行业自身存在的问题,发挥着行业自我管理和自我监督的作用,是一种典型的自律监管。[②]

综上,通过长期的发展完善,美国股指市场终于形成交易所一线监管、期货行业协会自律监管及政府的行政监管三位一体的监管体制。这种监管体制的实质是政府行政监管与自律监管有机结合,是整个美国证券期货市场运行的制度保障。

二、美国跨市场交易监管的法律演进

美国规范跨市场交易的法律包括不断修订的商品交易法、CFTC 和 SEC 依照商品交易法授权制定的各种商品(期货)交易规则、NFA 制定的期货自律规章和各个交易所的交易规则章程。囿于篇幅关系,下面笔者主要从联邦层面的立法探讨美国跨市场交易监管的立法演进。

从历史渊源看,美国对金融衍生产品的跨市场监管滥觞于商品期货交易规则的制定和实施上。从 19 世纪 40 年代末 CBOT 成立伊始,该交易所就制定了具有自律性质的内部期货交易规则。1921 年,国会通过了《期货交易法》,赋予了美国联邦政府有权介入商品期货市场价格操纵,并拥有对其进行调查的权力。然而《期货交易法》实施不到一年,就因对商品期货交易的赋税规定问题被最高法院宣布违宪而失效。1922 年,国会又通过了《谷物期货法》,规定期货交易必须在经过注册的交易所内进行,且只能在交易所会员之间开展。交易所必须对市场进行监管并保存相关的交易记录。可见,该法虽没有要求设立一个政府性的行政监管机构,但已经先行明确了期货交易所的自律监管地位。1936 年,国会制定了《商品交易所法》,专门设立了一个由农业部、商业部、司法部及其他政府部门联合组建的政府机构——美国商品期货交易所委员会(Commodity Exchange Commission,CEC)来承担期货交易的监管职责。同时该法强化了政府对期货交易的直接监管,如规定投机商合约

---

① Self Regulation Organization: Notice of Filling and Immediate Effectiveness of Proposed Rule Change by National Future Association Relating to Security Futures Products. *Exchange Act Release* No. 34-44,823. 66 Fed. Reg. 49439.

② 萧豆:《美国期货:三层监管造就成熟市场》,载《走向世界》2007 年第 5 期。

交易投机头寸的最高值等;要求期货经纪商必须登记注册后方可营业;禁止价格垄断、操纵市场等刑事犯罪行为;加重交易所对市场参与者的监管责任,赋予其直接惩罚违法行为的权力等。该法构建了现代期货市场的法律规范的初步框架,其基本原则仍沿用至今。

随着 20 世纪 70 年代金融衍生产品的问世,整个期货市场交易规模和国际影响迅速扩大,美国政府根据新的市场条件,对 1936 年《商品交易所法》进行了修改,并于 1974 年 10 月通过了更名为《商品期货交易委员会法》的新期货交易法。1974 年《商品期货交易委员会法》经过重新办理认可手续后,成了 1978 年的《商品期货交易法》,该法经过 1982 年、1986 年、1989 年和 1992 年的多次修订和展期,不仅明确了与其他金融监管部门的管辖权分工,如 1983 年该法修订时扩大了 CFTC 的监管权力,使其监管范围扩大到所有的期货合约,包括商品、货币、金融及金融期货合约等;1986 修订时则增加了将从业者纳入自律机构的规定。

2000 年 12 月,美国国会又通过了《商品期货交易现代法》(the Commodity FuturesModernization Act of 2000,CFMA),解除了对单个股票、小规模股票指数期货合约、上限、下限、上下限、期权(统称证券期货产品)19 年的交易限制。由于新立法将证券期货产品定义为《1933 年证券法》《1934 年证券交易法》《1940 年投资公司法》《1940 年投资顾问法》中的"证券品种",并属于 1978 年《商品期货交易法》中规定的以股票或股票指数的未来交割的期货合约及期权产品,因此确立了 CFTC 和 SEC 两个监管机构对新产品的交易拥有联合监管权。2001 年 8 月,CFTC 和 SEC 根据《商品期货交易现代法》的有关要求,正式公布了有关在境内证券交易所或证券业协会的证券期货合约的上市标准和交易新规则的咨询建议,内容包括能够公正反映现货市场开盘价的期货合约的现金结算价格制度;以及由于法定交易暂停或现货交易暂停而对期货合约暂停交易的制度等。2008 年金融危机之后,《多德—弗兰克法案》反映了国会对衍生品市场特别是场外市场交易透明度低,缺乏监管导致危机的共识,第一次将 SEC 及 CFTC 的监管范围扩大至先前不受监管的场外市场,明确规定衍生品合约包括在经纪商之间或主要市场参与者之间交易的标准化的掉期交易都必须通过中央对手方完成,在交易所或电子平台进行交易

和清算,并将交易信息即时汇总到监管机构。① 其立法的嬗变如表 3-1 所示。

由上可见,美国正是通过对金融衍生产品不断发展变化的市场情况进行立法完善和修订,使得美国跨市场交易的金融监管立法日趋严谨,并为其他国家纷纷效仿和借鉴。

表 3-1　美国期货监管立法的嬗变

日期	期货立法名称	主要立法内容及法律效力
1848 年	无期货交易立法	由交易所自治管理
1921 年	期货交易法	赋予美国联邦政府能主动介入价格操纵,并对其进行调查,同时规定期货交易只能在场内进行,后因赋税问题被最高法院宣布违宪而失效
1922 年	谷物期货法	于 1922 年 10 月 1 日生效,赋予期货交易所正式法律地位,并成立谷物期货管理局专门负责农产品期货交易的监管
1936 年	商品交易所法	扩大美国联邦政府对期货交易直接监管的权限,将场外市场参与者纳入监管对象,于 1968 年被修改
1968 年	商品交易所法修正案	提出对期货经纪商最低资本额的要求,建立期货市场参与者的准入标准,同时鼓励期货市场的自律监管

---

① 实际上,《多德—弗兰克法案》是要求现存的衍生金融产品,包括已清算的和未清算的,均在法案生效执行后 180 天内先向掉期数据储存库报告。而数据库作为交易信息的接收器再向监管机构汇总。

续表

日期	期货立法名称	主要立法内容及法律效力
1974 年	商品期货交易委员会法	成立并赋予商品期货交易委员会(CFTC)监管期货市场职权,同时又规定期货协会的登记注册内容和其对期货从业人员的自律监管
1978 年(历经 1982 年、1986 年和 1989 年、1992 年的修订与展期)	商品期货交易法	扩大了 CFTC 的监管权力,使其监管范围扩大到所有的期货合约,包括商品、货币、金融期货合约和期权交易等。明确规定 CFTC 拥有对股指期货和期权交易的独立监管权,SEC 负责股票期权交易的监管
2000 年	商品期货交易现代化法	简化了 CFTC 与 SEC 共同监管股指期货的法律程序,对期货行业的保证金制度进行了创新,解除了单个股票期货交易的禁令,承认场外衍生产品的合法地位
2010 年	多德—弗兰克法案	要求所有的衍生产品合约,无论场内场外,都必须进行集中交易、统一清算

(一)跨市场信息披露监管

信息披露监管有助于使金融市场更好地发挥资源配置功能,并能为投资者提供有效的保护。当金融市场同时存在两个或多个互相关联、影响的资本市场时,金融市场就存在了单一市场所不具备特性。例如,信息的传递性、价格发现的联动性、流动性和波动性等。此时,多市场的存在不仅对普通投资者的交易行为产生影响,而且使得内幕交易和市场操纵行为更为隐蔽。这就要求监管当局不仅要分别对不同资本市场进行监管,更要对具有较强关联性的

资本市场进行跨市场监管。美国在此方面的法律规定可以分为一般意义上的信息披露监管和特殊意义上信息披露监管,即内幕交易防范两个层面。

1.常规状态下的跨市场信息披露监管

首先,根据1978年《商品期货交易法》的修订案,CFTC同SEC一样有权要求其所监管的交易所、经纪公司、各类基金经理等市场主体披露与交易相关的市场信息。这些信息内容的披露涉及:(1)价格动向;(2)现货市场和期货市场相关性对价格变化的影响;(3)未平仓合约和未平仓合约的变化;(4)结算会员持仓的集中度;(5)交易量和交易量的变化;(6)交易的流动性和相继的价格变化幅度;(7)交割(个别结算会员的交割部位是否比较集中)。在对各大期货、期权交易所的信息监管方面,CFTC要求交易所公开其场内经纪人的名称及其会员名称,以便于投资者了解在交易池内执行他们指令的场内经纪人。与此同时,在CFTC的要求下,各交易所也须出台各自的准则规定要求其会员或客户报告场内交易信息及大户持仓信息、交易报表等。

其次,为了解监管部门对现货和期货市场的监管情况,1990年,美国国会通过了《市场改革法》(Market Reform Act of 1990),明确了跨市场信息监管的在美国证券信息监管中的重要地位。该法在行政监管层面要求美国财政部、联邦准备银行、CFTC、SEC从1991年5月31日起,每年都要向国会提交跨市场监管的协调报告(Intermarket Coordination Report)。为此,为监管股票市场与期货市场之间的跨市场非法交易,上述各行政监管机构和相关的自律监管机构均制定了不同的合作方式以开展跨市场监管信息的交流和合作。这些合作形式包括:(1)由上述四家机构组成的多边监管协调小组和委员会,具体包括:跨市场财务监管小组(Intermarket Financial Surveillance Group,IFSG)、衍生性商品政策小组(Derivatives Policy Group,DGP)、金融产品咨询委员会(Financial Products Advisory Committee)等。这些小组和委员会的建立意在确保股票市场与期货市场间在财务信息监管与相关监管政策方面得以协调。(2)由CFTC与SEC专门组建了两个市场之间的监视组织(Intermarket Surveillance Group,ISG),分享各自市场的投资者财务信息、交易信息、交割信息等,并相互配合监查违法违约案件与异常交易事件。每月在指数期货、指数期权和股票期权到期前,SEC与CFTC均会例行性地相互交换监管信息,并就到期时市场可能产生的波动风险协调监管措施;经与历史数据比较后,如果预判有可能发生的不正常现象,SEC与CFTC管辖下的各股票交易所与期货交易所之间亦将相互讨论分析该异常状况可能产生的影响,并研商防范与处理方案。[1] (3)举行定期或不定期的信息交流会议。在美国证券市场,当股指期货合约、股指期权或者有价证券即将到期之前,SEC 和CFTC 就会利用召开的到期日聚会时机,对相关合约或证券产品到期时可能出现的异常交易情形及时交流和互换信息。通过交流信息,双方一旦发现两市场中存在异常交易状况,就会责令其所负责市场一线监管的交易共同商讨异常交易活动的成因和及时采取防范与处理措施。此外,美国股票交易所与衍生品交易所之间还建立了"期货、期权与股票信息网络系统"(Information Network for Futures, Option, and Equities,INFOE),一旦市场发生巨幅波动,SEC、CFTC 与交易所之间可以迅速传输所需信息,并采行同步一致的管理措施。

2.非常规状态下的跨市场信息披露监管

内幕交易是交易者以内幕信息的获取和利用为必须要件的一种违法行为。如果能对有关信息及时进行监管和披露,则潜在的内幕交易人员便会因为其信息占有优势地位的丧失而无法进行内幕交易。因此,此次特殊意义上的跨市场信息披露监管主要是着眼于跨市场内幕交易行为的事先预防。对此,美国关于"内幕交易"的防范主要是从现货与期货两个市场立法展开。

一方面,从股票现货市场而言,美国的 1934 年《证券交易法》第 10 条第(b)项规定:"任何人不得直接或间接利用任何工具,或州际通商的工具,或以邮件,或以任何全国性证券交易所的设备,以违反证监会为维护公共利益或保护投资人所制定的规则,以诈欺等操纵方式,买卖上市或非上市证券。"SEC 规则第 10 条第(b-5)项规定:"任何人不得直接或间接利用任何工具,或州际通商工具,或以邮件,或以任何全国性证券交易所的设备,在买卖过程中从事:(1)使用任何方法、计划或技巧的诈欺行为;(2)对重要事实做不实的表示,或对必要的重要事实故意遗漏或误导,致使他人误信;(3)为任何行为、业务或商业活动,足以对他人产生诈欺行为。"

另一方面,就期货市场而言,首次将"内幕交易"引入期货立法的是 1992年新修订的《商品期货交易法》。该法第 9 条 d 款对期货市场中两种内幕交易行为作了界定:(1)凭借职务和地位获取会影响或倾向影响商品期货或商品价格的尚未公开信息,并有意透露该信息以帮助他人直接或间接参与商品期货

① 王小丽:《股票和股指期货跨市场监管法律制度研究》,安徽大学 2012 年博士学位论文,第 80 页。

或期权等交易。(2)CFTC 的任何委员或其雇员和代理人,直接或间接参与任何期货、期权等交易;或任何人在某些实际商品投资事务中利用了非公开信息;或当某些投资事务已被 CFTC 所禁止或某投资事务已受到 CFTC 所作出对文件影响时,仍直接或间接参与该投资事务的交易。2000 年修订后的《商品期货交易法》(《商品期货交易现代化法》)在上述第 9 条下又增加了第 e 款以作期货内幕交易监管的补充:"下列行为将构成内幕交易:(1)事先掌握或知晓会影响或倾向影响期货价格的尚未公开信息的当事人或其关联人利用此信息展开的交易;[①](2)商会、交易市场、在册期货协会的委员会成员、执行理事会成员或雇员,违反 CFTC 公布的规定,有意为其账户或为他人账户交易期货或期权;(3)某人明知是非公开信息而违反上述规定,从商会、交易市场、在册期货协会的委员会成员、执行理事会成员或雇员处所获取信息,故意为其账户或他人账户交易期货或期权。2008 年国际金融危机后,美国进行了大规模的金融修法活动。如 2010 年《多德—弗兰克法案》就对期货市场的内幕交易作出了新的补充规定,认为任何人,既包括政府的公职人员,也包括市场参与者,如果是利用通过职位之便利而获取的非公开信息来从事期货交易,均属于非法。

综合上述规定,我们不难发现,美国有关期货立法中对内幕交易的认定主要有非法参与交易、非法披露信息和非法利用信息三种。立法不仅指向"披露"和"利用"的单独行为,还注重"获取""披露""利用"的结合行为,使其与泄露商业秘密发生竞合,甚至与窃取、欺诈、垄断、滥用职权、不正当竞争、破坏市场秩序等行为发生竞合,从而在结果上加大了对内幕交易行为的查处和监管。

(二)跨市场操纵的防范

市场操纵是指交易者利用资金、信息等方面的优势影响交易品种的价格,制造市场繁荣的虚假表象,严重地破坏了市场公开、公平和公正原则的执行,

---

①　根据美国司法解释,内幕交易中所指的关联人员可以分为两种,一种是期货管理委员会的委员、雇员、代理人及专门人员,或专门政府人员、商会、合约市场、在册期货协会的执行委员会的执行委员、雇员的家属(family)、配偶(spouse)、未成年子女(minor children)或其他有密切生活关系的亲属等。另一种是基于工作关系而产生的人员,如律师、新闻记者、评论家等。另外,与关联人员相似的还有专门人士。根据美国商品期货管理委员会规章解释,专门人士(special member)可分为两种:一种是指原先为期货管理委员会的委员、雇员、代理人,这些人只要亲自或实际上参与某项事务或了解非公开信息;另一种是参与开发设计期货合约的专业人员。

侵害了一般投资者的利益,甚至可能危及整个金融体系的安全,对整个市场的健康发展具有极大的危害。特别是在股指期货推出的情况下,期货市场多空双方对抗性很强,利益冲突巨大。在一些特定的条件下,某些投机者受利益的驱动,将会铤而走险,操纵市场价格,试图牟取非法利益。以美国为例,据不完全统计,自期货市场产生以来的150多年,初期几乎每个月都有逼仓发生,近几十年来虽有减少趋势,但依旧不断发生。市场操纵使期货市场形成的价格信息不能真实地反映供求关系,从而影响期货市场价格发现、规避风险等经济功能正常发挥。这不仅损害期货市场投资者的利益,还可能给国民经济和社会发展带来极大危害。是故,美国法律一直将防范和惩罚跨市场操纵行为作为跨市场交易监管的一大重心。同跨市场信息披露监管一样,美国对跨市场操纵的监管也是从现货与期货两个维度同时展开的。

1. 美国对现货市场操纵的监管

20世纪20年代,美国开始对股票现货市场的操纵行为进行规范和立法。根据其普通法的规定,所有操纵行为都是属于市场欺诈。联邦立法则始于在933年《证券法》和1934年《证券交易法》。这两部法律出现了许多禁止操纵行为的条款,主要包括1933年《证券法》第17条第a款,1934年《证券交易法》的第9条a款、第10条b款、第13条e款、第14条e款和第15条c款等。从而开创了禁止市场操纵的立法先河。其中,1934年《证券交易法》的第9条a款是主要的反操纵条款,该款的内容对其他许多国家和地区的反操纵条款具有重要影响。如该款第1项是关于洗售和对敲行为的禁止规定;第2项是关于以交易手段操纵市场的规定;第3项至第5项是关于以编造和传播虚假信息影响股票交易行为的禁止性规定,这些规定力图通过消除操纵行为以实

现市场的充分披露。① 同时,联邦的这些立法都十分注重发挥 SEC 在日常监管中的能动作用,或授权 SEC 制定相应的规则对立法进行补充,或授权 SEC 对相关概念进行定义。如 1934 年《证券交易法》的第 9 条 a 款的第 6 项和第 10 条 b 款实质就是对 SEC 制定反操纵监管规则的一种授权。SEC 根据授权制定的规则不仅填补了立法上的漏洞,而且还不断地扩大和强化了自身的监管权力,成为美国联邦反操纵体系中最积极和作用最大的部分。②

2. 美国对期货市场操纵的监管

由于现货市场的立法已对市场操纵行为作了较为详尽的规定,故在期货市场方面,美国 1936 年《商品交易法》并没有直接作出禁止市场操纵的规定,而是同现货市场一样,将具体反操纵监管权力授权给 CFTC。如 1978 年颁布的经过多次修订的《商品期货交易法》就明确授权 CFTC 可以制定有关期货市场反操纵行为的各种法令、法规。而根据此立法的授权,CFTC 于 1988 年通过了《反操纵建议规则》,将期货市场的操纵行为定义为任何有预谋的,能引起或保持人为价格的操作、交易等行为,具体包括:(1)囤积居奇,即对价格能被操纵的商品进行相应的控制或利用现货市场占有的头寸人为地制造短缺;(2)逼仓,即利用供给缺乏迫使空头以更高价格了结头寸;(3)虚抛,即订约或假装订约以人为地制造交易成功的市场假象;(4)发布虚假信息以扭曲市场的

---

① 1934 年《证券交易法》的第 9 条 a 款具体规定为:任何人直接或间接,在跨州的商业活动中利用各种工具或邮件方式,或利用证券交易所的任何设施,从事以下行为时是违法的:(1)为了制造在证券交易所中注册证券的虚假或误导性的积极交易的现象,或制造与该证券交易市场相关的虚假或误导现象,如从事不改变所有权证券的交易,或者在买入或卖出该证券时,知道他人已在大致同样的时间以大致同样的数量和价格卖出或买入该证券。(2)任何人单独或合谋,以引诱他人买卖证券为目的,通过直接或间接一系列交易行为制造该证券实际表面的繁荣现象以提高、打压该证券交易价格的行为。(3)一个经纪人或交易商,或其他证券交易者,以吸引他人买卖场内证券为目的,通过传播或散布相关信息,存在许多人进行的以提高或降低证券价格为目的的行为,以影响证券价格的升降。(4)经纪人或交易商,或其他证券交易者,以吸引他人买卖该证券为目的,作出有关该证券的虚假或误导性陈述,且该陈述者知道或有合理理由知道该陈述是虚假或误导性的。(5)为了从经纪人或交易商,或其他证券交易者手中获得利益,为了吸引他人买卖场内证券为目的,通过正常商业信息交流渠道传播或散布信息,导致许多人进行的以提高或降低证券价格为目的的行为,以影响证券价格的升降。

② See Jennings, Marsh, Coffee, Seligman, Federal Securities Regulation: Law, Regulation and Rules, Foudation Press, 2000.

股指期货和股票现货跨市场交易监管研究

厦门大学法学院经济法学文库

行为等。同时,针对期货操纵行为,CFTC还可以视情节对操纵者采取中止和撤销相关资格、限制令、禁令和执行令状、通报、强制限仓和命令交易所采取指定的行动,如限制交易以至清算交易,施加或减少持仓限制、要求清算头寸、延长交割期限或关闭市场等。此外,在必要时,CFTC还可能对在该委员会注册的公司提起民事赔偿等措施。

2008年国际金融危机后,美国2010年新通过的《多德-弗兰克法案》重新设定了反期货操纵法律监管的全新规定。该法案第753条在强化CFTC反期货操纵监管权的同时,对《商品交易法》第6条(c)款进行了实质性修改。CFTC为了更好地执行《多德—弗兰克法案》中关于期货操纵的最新规比,进而改善了《反操纵建议规则》,一方面制定了强制性反操纵具体规则,另一方面则对新修订的《商品交易法》条款进行了解释。

(三)跨市场的协同稳定

市场稳定制度属于证券交易机制的范畴,是证券交易系统实现价格发现功能的重要保障之一,其两大核心支柱就是"涨跌停板"制度和"熔断"机制。其中,"熔断"机制是"1987股灾事件"后由《布雷迪报告》所倡导的一个新生制度。美国政府吸取股灾的教训,在既有的"涨跌停"制度的基础上引入了"断路系统"(circuit Breakers),意在当市场出现恐慌时,监管当局可通过技术手段采取促使交易中断或暂停交易的措施防止市场非理性地继续大幅下跌,从而实现维护证券市场相对稳定的目的。美国对这种熔断机制的构建也是从现货与期货两个市场同时推进的。

1. 股票现货市场上的熔断机制

美国最具影响力和规模最大的证券现货市场是纽约证券交易所(New York Stock Exchange,NYSE)的场内市场。NYSE设置的熔断机制是以道琼斯指数为计算基准。该机制有三个级别并有时间限制。当道琼斯指数相对昨天的收盘下跌250点时,或者市场下跌触发了第一级别7%和第二级别13%时,则整个市场所有股票停止交易15分钟;如果道琼斯指数下跌达到400点时,或者市场下跌20%,触发了第三级别,则当日余下时间中市场全部暂停交易。第一级和第二级别交易每日只能使用一次,一级暂停使用一次后,除非股市再次降低到二级标准,否则不能使用。同样二级暂停使用一次后,除非达到三级标准,否则不能再次使用。此外,由于受到NYSE熔断机制的影响效应,美国纳斯达克(NASDAQ)市场、美国证券交易所(American Stock Exchange)以及场外交易市场(OTC)在SEC指导下,采用了与NYSE保持协同一致的熔断机制。以道琼斯指数为计算基准,当NYSE监管的证券市场达

到触发点而交易暂停时,则这三个股票现货市场也会出现相应的暂停交易,从而实现所有现货市场的协同稳定。

而 2012 年 5 月 31 日,SEC 又确立了针对个股的涨跌停板限制机制,即批准了美国金融监管局(FINRA)提交的以试用期为一年的涨跌停板机制取代已有的个股熔断机制的提案。根据涨跌停板机制,如果个股的价格在 5 分钟内涨跌超过预设的安全比例,就可能被暂时停止交易。此后会有一个 15 秒的暂停期,若 15 秒后涨跌幅仍未回归安全地带,则该个股将被冻结。[①] 该机制于 2013 年 4 月 8 日生效,分为两个阶段实施。第一阶段从 4 月 8 日开始适用于一级国家市场证券(NMS),即标准普尔 500、罗素 1000 和选定的场内交易股票;第二阶段从 8 月 5 日起逐步适用于其他证券。[②]

2. 期货市场上的熔断机制

美国 CME 对标普股指期货虽然仅设有跌幅限制,而没有上涨限制的规定,但跌幅限制的规定并非如涨跌停板那样单一,而是采用断路器设置方式逐渐放大的。其跌幅限制的触及标准由低到高依次为 5%、10%、15% 和 20% 四个门槛,具体内容为:若交易当天:(1)下跌 5%,仅下跌生效。一旦出现跌停,交易将在价格或之上进行 10 分钟或是进行到下午 2 点半。如果 10 分钟或 2 点半后主要期货合约仍未打开跌停板,交易将中断 2 分钟。随后恢复交易 10% 停板规则生效。(2)下跌 10%,仅下跌生效。下午 1 点半之前,可以在此价格或之上交易。如果主要期货合约仍跌停或纽约股票交易所宣布交易停止,则交易停止。当标普指数成分股中有 50% 以上市值加权股票重新开盘后交易恢复,15% 规则生效。下午 1 点半之后,可以在此价格或之上交易 10 分钟。如果 10 分钟结束主要期货合约没有打开跌停板,交易停止 2 分钟,之后恢复交易 15% 规则生效。(3)下跌 15%,下跌生效。一旦出现跌停,交易将在次价格或之上进行 10 分钟。如果 10 分钟后主要期货合约仍为打开跌停板,交易将中断 2 分钟。随后恢复交易,20% 停板规则生效。(4)下跌 20%,仅下跌生效。一旦出现跌停,交易可以在此价格或之上交易。如果主要期货合约仍跌停或纽约股票交易所宣布交易停止,则交易停止,当标普指数成分股中有 50% 以上市值加权股票重新开盘后交易恢复,依然适用 20% 涨跌幅限制,也

---

① See NASDAQ. Current Regulatory Initiatives, http://www. nasdaqtradercom/ Trader aspx? id = currentregulatory # luld,2013-8-6.

② See NASDAQ. Frequently Asked Questions Limit Up-Limit Down,http://www. Nasdaqtrader. com/content /Market Regulation /LULD_FAQ. Pdf, 2013-8-7.

即 20％是该股指期货的最大涨跌幅限制。[①]

同样，CBOT 关于道琼斯股指期货合约也没有上涨限制，也是采用了断路器设置方式对跌幅给予限制。不过，其跌幅触及标准略有不同，依次为10％、20％和 30％三个门槛，具体内容为：若交易当天：(1)主板市场触发10％的熔断机制，然后股指期货也停止交易。当暂停在下午 2 点之前(美国东部时间)触发时，暂停 1 小时；当在 2 点到 2 点半之间触发时，则暂停半小时；当暂停后，主板市场恢复交易，且按市值加权有 50％的成分股恢复交易后，第二级涨跌幅限制 20％启用。(2)主板市场触发 20％的熔断机制，然后股指期货也停止交易。当暂停在下午 1 点之前(美国东部时间)触发时，暂停 2 小时；当在 1 点到 2 点之间触发时，则暂停 1 小时；当暂停后，主板市场恢复交易，且按市值加权有 50％的成分股恢复交易后，第二级涨跌幅限制 30％启用。(3)主板市场触发 30％的熔断机制，然后股指期货也在当天停止交易。[②] 2006 年10 月 17 日，CME 与 CBOT 两大衍生品交易所虽合并组建成芝加哥交易所集团，但在关于不同市场股指期货合约断路器机制的规定方面并没有改变，仍然根据所交易的股指合约标的指数的不同沿袭其各自原有的设置标准。

美国法不仅在现货和期货各自市场层面上设置了熔断机制，还非常重视跨市场联合熔断即"断路系统"(circuit Breakers)规则的构建，以使 CME 和 NYSE 在价格大幅波动时能协调一致、终止期货和现货交易或对跨市场交易价格进行限制和管理。为此，SEC 于 1988 年 1 月开始出台了 80A 规则(Rule 80A)和 80B 规则(Rule 80B)。其中，80A 规则又被称为"项圈规则"(Colar Rule)，其规定"当道琼斯指数比上一交易日的收盘价上涨超过 50 点时，凡用来买进 NYSE 上市的标普成分股的指数套利市场价委托单，仅能以'Buy Minus'的指令执行(即在不高于上档成交价的情况下才执行)；反之，当道琼斯指数比上一交易日的收盘价下跌超过 50 点时，凡用来卖出 NYSE 上市的标普成分股的指数套利单，仅能以'Sell Plus'的指令执行(即在不低于上档成交价的情况下才执行)；直到道琼斯指数回到离前收盘指数 25 点以内，买卖价

① 转引自王春锋、房振明等：《股票与股指期货市场风险关联性及跨市场监管研究》，2007 年上证研究报告，第 128 页。

② 转引自王春锋、房振明等：《股票与股指期货市场风险关联性及跨市场监管研究》，2007 年上证研究报告，第 129 页。

的限制才取消"①。显然,80A 规则意图很明确,其主要是在满足一定条件下,通过限制 NYSE 上市公司中的标普成分股的交易来抵御可能来自标普指数期货市场上的投机套利力量的影响。而 80B 规则其实就是 CBOT 熔断规则的翻版,其内容规定为"当道琼斯指数比上一交易日收盘价下挫 250 点时,交易暂停 1 小时,若下挫 400 点,则交易暂停 2 小时"或者"在每一季度初,根据上一个月道琼斯指数的平均收盘价的 10%、20% 和 30% 来作为停止交易的触发条件"。

综上,无论是 80A 规则抑或是 80B 规则,两者都是为了防止股指套利交易者在股市上升或下跌达到一定幅度时,通过持续推高或打压 NYSE 上市公司中标普指数成分股的现货价格以在标普指数期货市场上获利,从而增加现货市场与期货市场的摩擦,控制两个市场相互影响产生具有加强效应的共振现象。实践证明,这两个规则在降低期货和现货市场波动,维持跨市场稳定方面起到十分有效的作用。

(四)高频交易风险的防范

高频交易在美国证券市场上占据主导地位。有数据调查表明,2012 年全美通过高频交易产生的交易量占全美股票市场交易总量的 51%,由此产生的总收益约合 125 亿美元。作为先进计算机技术与证券市场结合的产物,高频交易既可以给使用者带来丰厚利润,也有利于提高整个证券交易市场的流动性,因此美国一直对之持以宽容态度。然而,自 2010 年美股"5·6 闪电崩盘"事件后,美国便开始加强对高频交易的研究与监管。首先是 SEC 近期颁布和实施了综合审计追踪(Consolidated Audit Trail)和市场信息数据分析系统(Market Information Data Analytic System)两项重要的数据收集新规则。前者要求要求证券业自律组织(Self-Regulatory Organizations,SROs)设计一套可以捕捉所有交易从订单生成到执行或取消的完整记录的系统。② 后者允许 SEC 获得全美 13 个交易所的所有买卖数据,以此监管高频交易公司及其活动。此外,为了减少高频交易中计算机错误带来的负面影响,SEC 于近

---

① 在 1999 年 2 月 16 日,SEC 又将 80A 规则中原来的"50 点"这一买卖报价的绝对波幅限制(即所谓的限制股指波动的"项圈"),改为"根据上一季度最后一个月道琼斯指数平均收盘价的 2%,并取整至最近的 10 个指数点,作为本季度的 80A 规则的买卖报价限制;当股指变动回至上一季度最后一个月道琼斯指数平均收盘价的 1% 以内时,买卖报价限制取消"。

② 该规则在 2012 年 7 月 11 日获得通过,于 2012 年 10 月 1 日生效。

期推出了一系列组合拳。一是当某个个股价格偏离可接受的价格范围时冻结该个股的交易；二是当市场下跌达到预定比例时冻结市场上所有个股的交易；三是当某个公司的交易软件失控时冻结该公司的所有市场交易。[①]

(五)跨市场的投资者适当性

投资者适当性制度滥觞于美国自律证券机构，起先是证券或期货经纪商在美国证券或期货二级市场中向客户推荐证券所应遵守的职业道德规范，后来发展成为一种通过对投资者的专业知识、资产规模以及风险承担能力设定有关标准，并根据投资产品的风险度限定特定的合格投资者范围的制度安排，其基本理念就是将金融产品销售给具备相应风险承受能力的投资者。而本轮金融危机产生的一个重要原因就是大量投资者购买了与其风险承受能力不一致的复杂金融产品。随着衍生金融市场的快速发展，衍生证券产品原理、结构的复杂化决定了跨市场交易作为具有专业性强、杠杆性高、风险大的特点，故其客观上要求参与者具有较高的专业水平、较强的经济实力和风险承受能力，现任是一般的非专业投资者所能参与的。是故，为严控一般投资者开展跨市场交易而引发自身难以承受的风险，美国也分别对股票现货与股指期货投资者适当性制度作了各自的规定。

1.美国现货市场的投资者适当性制度

现货市场的投资者适当性制度主要出现在 NASD 及 NYSE 等自律性组织的一些自律性规范和准则性规定之中。如为保护无投资经验的投资者在交易中免受欺诈，NASD 在其 1938 年出台的准则性规则即《公平交易规则》(rules of fair practice)第 3 章第 2 条中就规定了适当性原则，用来规范证券或期货从业机构向客户推荐证券产品时的不规范行为。后来，NASD 于 1997 年对该规则进行补充修正，形成规则 2310(Rule 2310)。该条规则共有 a、b、c 三款，其中 a 款规定："每个会员或协会会员只有在合理确信其已经充分了解顾客的投资目标、金融财务状况及其他信息的情况下，才能够推荐客户买卖其证券期货产品，或者根据其推荐的交易策略进行买卖。否则，其推荐便不符合适当性要求。"b 款规定："会员或协会会员在向投资者推荐证券期货产品前，还应当对以下情况有合理确信：(1)顾客的财务状况；(2)顾客的税务状况；(3)顾

---

① See Tom Steinert-Threlkeld, SEC Approves Market-Wide&Single—Stock Circuit Breakershttp://www. Securitiestechnologymonitor. com/news /market-wide-single stock circuit-breaker-pilots-approved— by-sec-30675-1. html, 2013-8-6.

客的投资目标；(4)顾客作为投资依据的合理信息等。"c款则对机构投资者与非机构投资者作了界定。^① 美国的主要证券交易所也有类似于 NASD 的适当性规定。例如，NYSE 出台的纽约交易所规则 405 就要求证券经纪自营商在向顾客推荐证券产品时，应勤勉地获得对于每一位客户、每一交易、每一现金或融资账户及全权委托管理客户账户的关键事实。2011 年 5 月，美国金融业自律监管局（Financial Industry Regulatory Authority，FINRA）发出监管通知（regulatory notice 11-25），以规则 2111（Rule 2111）整合了以往 NASD 的规则 2310 和 NYSE 的规则 405，成为当前美国整个证券现货业，不管是场内还是场外都需遵守的适当性自律规则。规则 2111 强调了证券经纪商凡是对客户有"推介"行为均应遵守适当性规则，即合理基础义务（reasonable-basis obligation）、客户个别义务（customer-specific obligation）和数量适当性义务（quantitative suitability）。^②

2. 美国期货市场的投资者适当性制度

与现货市场一样，CFTC 并没有专门对投资者适当性制度作出规定，而是要求 NFA 在向客户推荐期货产品前应在"了解客户"的基础上比照 NASD 的上述标准，修改期货公司推荐证券期货产品的适当性制度。NFA 为此对规则 230（Rule 230）作了修改和细化，除了要求期货公司从事期货业务须遵守投资者适当性制度，还要充分了解客户的如下信息，包括：(1)客户的真实姓名、年龄、婚姻状况、家属人数、地址及职业；(2)客户当前的年收入和净资产；(3)客户以前的投资经历、期货交易经验及客户账户是投机型还是保值型等；(4)客户的雇佣情况、净资产流动性等。

由上可见，无论是 NASD 的规则 2310，NYSE 的规则 405 抑或是 FINRA 的规则 2111 和 NFA 的规则 230，这些本质上都属于证券、期货商的自律性规范，仅适用于所在的自律性组织框架。如果自律组织所在的会员违反适当性规定，则由自律组织内部给予其相关的惩罚。尽管各个自律组织对于违反投

---

① 关于该规则的具体内容，参见 http://finra. complinet. com/en/display. htm. ? Rbid=2403&element_id=3638.

② 美国金融业监管局（FINRA）的前身就是 NASD。2007 年，在 SEC 的协调下，NASD 与 NYSE 的会员监管、执行和仲裁的部门进行合并，组建了 FINRA，并于当年 7 月 26 日获 SEC 批准成立，开始发挥其监管职能，成为目前全美最大的独立非政府证券业自律监管机构。关于金融业监管局和规则 2111 的具体内容，可参见 http://finra. complinet. com/en/display. htm. ? Rbid=2403&element_id=9859.

资者适当性情况作了一些规定,但对何种行为适当及何种行为不适当的把握莫衷一是,并没有明确统一的标准。[①] 为此,SEC 基于"招牌"理论,[②]认为证券、经纪商在执行业务的过程中,若明知其推介的证券期货产品对相关客户不适合,则其在推介前就应向客户披露说明,否则就违反了投资者适当性义务及1934 年《证券交易法》中的反欺诈条款。可见,在 SEC 看来,证券、经纪商违反投资者适当性规定承担的已非单纯是一种自律性的软法责任,也有可能构成欺诈而承担公法上的责任。事实上,在"招牌"理论出现之前,SEC 的监管实践和有关司法判决都确认了证券经纪商对投资者承担适当性义务的公法规定。亦即,SEC 和法院都通过援引 1934 年《证券交易法》第 10 条 b 款及 SEC 的 10b-5 规则,[③]认定经纪商存在违反投资者适当性义务的情形,构成对投资者的证券欺诈诉讼,进而要求其对投资者承担民事赔偿责任。较为典型的如在 1978 年的 Clark v. John Lamula Investor, Inc 一案中,联邦第二巡回法院就作出判决认为该案中的证券经纪商故意推荐不适当的证券产品给单个投资者,其行为属于"一种欺诈客户的行为",构成对证券交易法第 10 条 b 款及SEC 的 10b-5 规则的违反。[④]

---

① Lewis, Lowenfels and Alan R. Rromberg, Suitability in Securities Transactions, 54 *Bus. Law*, *Rev*, 1999, p. 1581.

② "招牌"理论系由美国的证券法权威路易斯·罗斯教授(Louis Loss)提出,认为只要证券经纪商在证券交易中"挂出招牌"表明自己的专业身份,则自己就有与公众进行公平、公正交易的义务。

③ 1934 年《证券交易法》第 10 条 b 款的内容规定如下:"任何人直接或间接利用州际商业手段或工具、利用邮递或利用全国证券交易所任何工具从事进行以下的行为都是违法的:……(b)在买卖全国性证券交易所注册的任何证券或未如此注册的任何证券或任何基于证券的互换协议的过程中,违反 SEC 维护公共利益或保护投资者而制定的必要的适当规则和条例,使用或利用任何操纵或欺诈手段或计谋。"1942 年 SEC 据此授权制定了规则 10b-5。根据 Rule 10b-5 的规定,任何人直接或间接利用州际商业手段或工具、利用邮递或利用全国证券交易所任何工具从事进行一下的行为都是违法的:(a)使用任何方法、计划或技巧进行欺诈;(b)为了是根据陈述作出具体情况而作出的陈述不至于有误导性,对某一重大事实作出不真实的陈述或遗漏陈述必要的重大事实,或者(c)参与任何证券的购买或出售有关的任何行动、活动或交易程序,而参与这些行动、活动或交易程序构成或可能构成对于任何人欺诈或欺骗。

④ Clark v. John Lamula Investor, Inc. 565F. 2d 234(2d Cir, 1978).

第二节 其他国家或地区的跨市场交易监管

一、英国的跨市场交易监管

英国是世界上第二个推出股指期货的国家。早在 1984 年,英国的伦敦国际金融期货期权交易所(LIFFE)就效仿美国,推出了 100(FTSE)指数期货合约的交易。不过,在对股指期货的跨市场交易监管上,英国并没有引入美国式的行政监管和自律监管相结合的模式,而仍沿袭单纯行业自律的深厚传统,即采用以期货交易所为主、参与者自我监管为辅的自律监管模式。详言之,英国期货交易所的监管职能通常包括:(1)制定并执行市场规则,确定交易所的重大经营方针和决策,审定相关管理和交易规则;(2)独立开展清算与结算;(3)对会员申请及资格进行批准审查;(4)对会员日常交易实施动态跟踪,并对其实际交付和结算进行监督检查。以伦敦国际金融期货期权交易所为例,其主要通过内设的市场监督部与四个委员会的共同协作来实现这种自律监管职能。其中,市场监督部负责会员场内交易行为的总监督,包括交易的风险预警和与会员单位的协商、沟通。而四个委员会分别为:(1)会员资格和规则委员会,主要负责设定、审议和实施会员入会的资格条件与规则;(2)场内委员会,主要负责对交易大厅的实物布置的管理以及与交易有关的软硬件设施配备,同时也审议和维持场内的交易秩序;(3)自动交易委员会,主要负责场内交易的结算与交割,同时也为交易所的自动交易池(Automated Pit Trading)交易提供支持和建议;(4)股票市场委员会,主要负责股票、债券及股指等金融衍生品交易的监管;(5)违约委员会,负责在会员公司违背交易所交易秩序与金融期货合约时采取相应的惩治措施。

尽管英国期货市场监管长期以来恪守期货交易所这种"纯粹"的自律管理模式,且也在促进市场发展中发挥了基础性的作用,然而,随着期货市场规模的扩大和国际市场竞争的日益激烈,英国式的这种自律监管日益暴露出利益冲突和自然垄断方面的缺陷与不足。1985 年,英国伦敦金融交易所的银期货交易发生了严重的违约事件,致使伦敦金属交易所的会员们遭受了 6 亿标准纯银的损失,并引发了整个商品期货市场的激烈震动。以伦敦大学吉姆(Jim

Gower)教授等人为代表的英国学界为此呼吁政府对交易所这种松散型自律监管进行整合和优化。[①] 是故,英国议会于 1986 年通过了《金融服务市场法》,尝试在全国层面构建统摄整个资本市场的自律监管制度。根据该法,英国确立起新型的、统一的"二元化"自律监管模式。这种新型的、统一的"二元化"自律监管组织的核心为证券与投资委员会(SIB)和证券期货管理组织(SFA)等非政府机构,[②]其中,SIB 在财政部的授权下取得准国家机关的法律地位,并直接对财政大臣负责。[③] 委员会成立的目的是促进金融市场发展与保障投资环境,对市场的管理以授权为原则,并通过对结算公司、交易所、行业自律组织的资格审核,以及对从事衍生交易的企业与个人的资格审查来实现对衍生市场的监管;SFA 主要负责金融业中的证券期货的自律监管,其对 SIB 负责,目标是促进、维持交易的公平、公正,从而有效地保护投资者的正当权益。

不过,事后英国期货市场上发生的一系列丑闻,如蓝剑权利事件、Robert Maxwell 盗用公款案和一些内幕交易案件很快将这种以 SIB 和 SFA 为支柱的二元自律监管架构推到了风口浪尖。特别是 1995 年巴林银行的倒闭更使得声讨改革这种监管架构的呼声日益高涨。1997 年,成功上台的工党政府决定对英国已有的金融制度体系进行全新的改革,涉及银行、保险、证券和公司融资、基金和个人投资顾问等多个领域。其中最大的亮点就是将 SIB 更名为 FSA,FSA 的成立标志着俱乐部模式自律监管的终结。作为独立的非政府机构,FSA 享有法律授予的广泛权力,统一行使证券投资、保险及衍生市场的监管职能。同时,其监管范围不仅在证券与期货行业,根据《1998 年英格兰银行法》,FSA 也正式替代英格兰银行取得对所有商业银行的监管地位。为了认可和适应金融监管架构的这一调整,2000 年,英国议会在 1986 年《金融服务市场法》的基础上增补更新形成了更新版本的《金融服务与市场法》。该法分30 个部分,共 433 条,主要内容是通过全面确立 FSA 的法律地位和监管职

---

① See Laurence, Henry, The Rule of Law in the Era of Globalization. Vol. 6, Global Legal Study, 1999. p. 662.

② 其组成人员包括政府官员和私人,但对工商业部负责。金融机构必须在 SFA 或 SIB 登记注册。

③ 事实上,英国财政部除了必要的监管授权外,对衍生金融市场的干预相对较少,主要是通过对 SIB 和 SFA 的监管规则制定上的指导来保证衍生金融交易的正常进行,只有当市场出现异常情况时,才运用法律法规和采取非直接手段管理和调控市场。

能，为 FSA 提供一个单一的法律框架，以代替原有的二元监管模式。而具体到期货和现货市场的监管上，FSA 的职能主要包括：(1) 制定并公布有关金融期货立法的解释和其他跨市场交易行为规则的监管指引手册(handbook)，监督法律法规及其相关条例的实施；(2) 受理期货行业相关公司、交易所、行业协会的注册申请，并依法对上述企业、相关组织进行资格审查；(3) 受理投资者的赔偿投诉，对投资者遭受的不法损害进行赔偿；(4) 对金融期货市场进行实时监管，预防操纵和垄断期货市场的不正当行为。[①] 可以说，2000 年《金融服务与市场法》使得英国逐步告别了先前完全依靠自律的金融监管模式，转为采纳更为统一与更多政府干预的金融法制框架。[②]

时移世易，2008 年金融危机以来，特别是 2009 年由保守党主导的新政府上台后，其于 2011 年 6 月 16 日发布了《金融监管新方法：改革蓝图》，提出了一系列金融监管改革措施。2012 年 1 月 26 日，英国政府正式以此为基础向议会提交《〈2012 年金融服务法〉草案》(Draft Financial Services Bill 2012)。该草案很快就在下议院和上议院得以通过，并于 2012 年 12 月 19 日正式获得批准而成为 2012 年《金融服务法》，并于 2013 年 4 月 1 日生效实施。[③] 相比 2000 年的《金融服务与市场法》，2012 年《金融服务法》最大的调整举措就是将 FSA 的统一监管职能分拆成金融政策委员会(Financial Policy Committee, FPC)、审慎监管局(Prudential Regulation Authority, PRA)与金融行为局 (Financial Conduct Authority, FCA)三家机构。具体说来，FPC 的职责在于实施宏观审慎监管，即通过识别、监控并采取措施消除或减少系统风险，以维护和增强英国金融系统的风险抵御能力；PRA 则负责对吸收存款机构(包括银行、住房贷款协会和信用社)、保险公司和大型或复杂投资公司(证券公司)进行审慎监管。FCA 则负责确保金融消费者受到适当程度的保护。除此之外，由 FSA 根据 2000 年《金融服务与市场法》第 18 篇行使的对期货交易所的认可和监管权则继续由 FCA 继承行使。由此可见，就期货市场而言，FPC 和 FCA 分别是英国期货市场的宏观与微观审慎监管主体。FPC 有权根据期货市场交易的不同情况向 FCA 的微观监管行为发出指示和建议，从而将宏观审慎监管与微观审慎监管有机联系起来。

---

① 唐波：《期货法论》，世界图书出版社 2008 年版，第 211 页。

② 陈欣：《衍生金融交易国际监管制度研究》，厦门大学 2005 年博士论文，第 125 页。

③ See *Financial Services Act* 2012, http://www. legislation. gov. uk/ukpga/2012/21/contents/enacted.

由于 FPC、FCA 和 PRA 这三家机构均隶属于英格兰银行,因此,2012 年《金融服务法》此次的调整等于重新赋予英格兰银行全面监管金融市场及维护英国金融系统稳定性的权力。而众所周知,英格兰银行原本就是英国的中央银行,英国此举意在改变过去 FSA 作为非政府机构对金融市场"宽松"监管的表现,确立政府监管的权威。有学者认为,英国重新搭建金融监管新架构,推动自律监管向行政监管回归,旨在实现宏观审慎监管与微观审慎监管职能的有效结合,增强金融机构抵御风险的能力以应对未来可能发生的金融危机。[①]

二、日本的跨市场交易监管

日本的期货市场最早起源于 1730 年日本大阪进行大米远期合同交易的"米相场",1893 年日本政府通过了《期货交易所法案》,确立近代期货交易制度。二战期间,日本的交易所业务曾一度中断,战后,各交易所相继在 20 世纪 50 年代重新开放。1986 年 9 月 3 日,新加坡交易所率先推出日经 225 指数期货。但按照当时的《证券交易法》的规定,日本国内的基金被禁止投资 SIMEX 的日经 225 指数,只有美国和欧洲的机构投资者利用 SIMEX 的日经 225 股指期货合约对其投资于日本的股票进行套期保值,本国的机构投资者明显处于不利位置。[②] 1988 年 5 月,日本《金融期货交易法》正式颁布,该法开始允许本国投资者对股票指数和期权进行现金交割。此后不久,日本金融厅批准了东京证券交易所关于日经指数期货合约交易的申请,当年 9 月在日本东京证券交易所开始了日经 225 指数期货交易。而在期货业的具体监管上,日本最初采用的是分业监管模式,实施"三省分口管理体制",即由大藏省管理金融期货市场,负责审定各交易所交易的股指衍生产品;农林水产省管理农产品期货市场,通商产业省分管工业品期货市场。1991 年,日本证券市场发生了震动

---

①　参见黄志强:《英国金融监管改革新架构及启示》,载《国际金融研究》2012 年第 5 期。

②　李存行:《中国金融期货市场监管模式研究》,载《期货日报》2007 年 1 月 31 日,第 13 版。

全国的"证券舞弊事件"①,促使日本着手对其金融监管体制进行改革。1998年6月,日本政府把银行业和证券业的监管权力从大藏省中分立出来,组建了对首相直接负责的金融监督厅。2000年7月1日,日本又将金融监督厅和原大藏省的金融企划局合并,更名为金融厅,取代大藏省,使之成为日本唯一的金融监管机构。②它不仅负责对金融系统的设计和计划,而且负责对银行、证券、保险等所有金融服务业的监管。目前的日本证券期货市场按品种所属范围分别由金融厅下属的不同部门监管,其中证券、金融期货、期权由金融监督局和证券交易监督委员会联合监管。在监管权限方面,日本的金融监督局和证券交易监督委员会各有分工。证券交易监督委员会是个相对独立的调查机构,它负责对市场日常的监督检查以及违规违法行为的调查,但检查或调查结束后不具有处罚权,只能将调查结果提交金融监督局,由其以金融厅的名义依法作出行政处罚,或者提起刑事诉讼。③

　　从行业自律监管看,日本的行业自我管理没有美国行业协调组织的行业自治与自我管理的职权,但作为民间组织,其在一定程度上仍然发挥了维护交易各方权益,弥补政府多头管理的协调困难,以及作为政府监管和交易所自律监管之间的桥梁和中介的作用。从日本衍生交易所的自我监管看,日本的衍生交易没有独立的保证公司作为交易合约履行的担保机构,取而代之的是经主管大臣指定而设立的清偿机构,即作为法人性质的"交易受托债务赔偿基金"。该基金会对加入的会员通过收取担保金的形式来监管会员的衍生交易活动。同时,日本也没有专门的衍生交易结算所,各交易所由内部的会计部门负责处理交易结算,交易所对衍生交易结算的控制和监督也没有像欧美那样有效和严密。日本对金融衍生交易立法监管的薄弱有其原因,首先是日本国内至今没有发生过类似巴林的巨额损失事件,也不存在像美国国会那样强烈要求进行立法监管的团体。其次,与其他国家相比,日本的衍生产品市场规模

股指期货和股票现货跨市场交易监管研究

厦门大学法学院经济法学文库

---

　　① 如在 Recruit Cosmos 事件中,竹下登总理得知 160 多名政府中有影响力的官员在 1986 年该公司上市前以低价购买 Recruit Cosmos 的股票的消息后引咎辞职。还有泡沫女人 Nui Onoue 因为以其旅馆作为担保借入数十亿美元来投资股市而著称。她所借贷的款项远远高于她的财产的价值。同时,她还利用伪造的存款单进行交易,最后被判决 12 年的监禁。

　　② 组建后的金融厅,下设总务企划局、金融检查局、金融监督局和证券交易监督委员会。

　　③ 参见王玉飞:《日本期货市场的监管体制》,载《证券时报》2002 年 8 月 15 日,第 7 版。

尽管有所增长,但仍落后于欧美市场,日本大型金融机构以风险规避手段运用金融衍生产品的情况并不多见,如以互换为例,日本金融机构主要使用普通性的互换产品,很少运用杠杆互换等投机性较强、技术较高的金融互换。此外,政府监管当局和市场参与者都无法充分把握金融衍生交易的规模和风险程度,衍生产品的信息披露不如美国完善,以及公众对金融衍生产品的难以理解等也是重要的影响因素。[①]

　　而作为现代法治国家,日本同样采用法律手段来规范跨市场交易。但由于二战后日本的经济法律体系是在美国的指导下建立起来的,故其很多经济方面的立法深受美国立法的影响,这种影响在证券、期货立法方面表现尤甚。日本在证券和期货业方面的最初两部立法——1948 年的《证券交易法》和1988 年的《金融期货交易法》均是以美国 1934 年《证券交易法》和 1978 年《期货交易法》为范本而制定的。不过,2006 年 6 月 17 日,日本第 164 次国会(常会)通过了《部分修改证券交易法、金融期货交易法等法律》和《伴随〈部分修改证券交易法、金融期货交易法等法律〉实施而整备相关法律之法律》,并于 6 月14 日公布了《金融商品交易法》。该法以"自由(发挥失常原理的自由市场)""公平(透明可信赖的市场)"以及"全球化(更早进入国际化时代的市场)"为改革理念以达到完善投资者保护规则,提高利用者的便利性,确保市场功能从储蓄向投资转换,应对金融资本市场的国际化之目的。[②]《金融商品交易法》调整范围涵盖证券现货和期货两大市场。总结而言,其涉及跨市场交易监管的法律制度主要有信息披露、适格机构投资者制度和跨市场违法行为防范制度。首先,在信息披露方面,除了各国现货二级市场通用的持续性信息披露如年报、半年报、季报和重大事件报告之外,还特别规范了大量持股报告制度,将机构投资者认可的特例报告和相关报告频度、期限从原则上每 3 个月次月 15 日

---

　　① 阙波:《国际金融衍生品法律制度研究》,华东政法学院 2000 年博士论文,第57 页。

　　② 《金融商品交易法》的内容主要由四个支柱组成。第一支柱是投资服务法制部分。包括集合投资计划的总括定义、衍生品交易范围扩大(总括化、横断化)、与之伴随的业务范围的扩大(总括化)以及根据投资者的属性和业务类型而进行规制的差异化。第二支柱是信息披露制度的完善。具体包括季度报告信息披露的法定化、财务报告相关内部控制的强化、公开收购制度以及大量持股报告制度的修改等。第三支柱是确保交易所规制业务的正常运行。第四支柱是提高罚则,即加强对市场操纵行为课征金力度。参见庄玉友:《日本金融商品交易法信息披露制度研究》,人民出版社 2012 年版,第 17 页。

以内缩短为每 2 周 5 个营业日以内,而对一般投资者在现货市场持股比例增减 1％或在期货市场持仓比例达到交易所规定的投机头寸限量的 80％以上,则不适用特例报告制度,须在 5 个营业日内提交变更报告书。其次,在适格机构投资者方面,《金融商品交易法》依据是否具备专门的投资知识将投资者分为特定投资者与一般投资者两类。而对前者,又进一步将之细分为:适格的机构投资者、国家、日本银行、投资者保护基金以及内阁府令确定的其他法人四类。是故,对于这四类投资者之外的一般投资者,《金融商品交易法》要求证券期货经营机构要尽到核查和风险告知义务。最后,《金融商品交易法》别出心裁地创设出课征金制度,[①]并将不提交发行披露文件、持续披露文件、大量持股报告以及虚假陈述、内幕交易和市场操纵等行为纳入课征金的对象。

东京交易所对一般股票市场每日涨跌幅限制是介于 6.67％至 30％之间,并且根据股票前一日的收盘价作为计算基准,来制定每日股票阶段性的涨跌幅度。而东京证券交易所则是依据股票指数的高低来分段设置股指期货不同的价格涨跌的波动限制。如东京证券交易所 Nikkei 225 指数水平小于 20000 点时,涨跌幅限制规定 1000 点;在 20000 至 30000 点之间时,涨跌幅限制为 1500 点。

三、中国香港的跨市场交易监管

自 20 世纪 80 年代以来,在香港期货交易所挂牌上市的股票指数期货合约品种就有近十种,[②]但在 2008 年底,随着 H 股金融指数期货和新华富时中国 25 指数期货的停止交易,现在香港交易所上市交易的股指期货品种主要

---

① 课征金制度是《金融商品交易法》为了制止金融资本市场的违法行为,确保规制实效性,作为课以金钱上的负担的行政措施而导入的。与以往的行政处罚措施不同,课征金制度对违法行为人征收的课征金数额一般以其获利金额为基准,并结合违法行为相关重要事实公布后较长时间内市场价格变动和所持股份等相关获利程度作为提高课征金金额的考量因素。

② 主要产品类型有:恒生指数期货(Hang Seng Index Futures)、小型恒生指数期货(Mini Hang Seng Index Futures)、恒生香港中资企业期货(又称红筹股期指,Red-Chip Index Futures)、恒生 100 期货(Hang Seng 100 Futures)、H 股指数期货(H-shares Index Futures)、小型 H 股指数期货(Mini H-shares Index Futures)、新华富时中国 25 指数期货、H 股金融指数期货、MSCI 中国指数期货等。

有恒生指数期货、小型恒生指数期货和 H 股指数期货三种。①

为了规范股指期货市场的发展,香港地区立法会于 1975 年 8 月通过了《商品期货交易条例》,该条例直接促成了香港期货交易所在 1986 年 5 月推出了恒生指数期货。2003 年 4 月,香港立法会又通过了《证券及期货条例》,对股指期货进行了更加详细的规范。与此同时,香港证监会和交易所分别在各自职责范围内制定了一系列与期货和现货交易相关的规章和内部管理规则,诸如《证券及期货事务监察委员会条例》《证券(内幕交易)条例》与《证券上市规则》《结算公司规则》等,从而确立了保障股指期货运作的较为健全的法律、法规和准则体系,在很大程度上满足了公开、公正、公平的证券及期货市场正常运作的需要。而在这其中,香港证监会作为香港地区证券及期货市场的法定的官方监管机构,直接向香港特区政府负责,主要负责包括股指期货在内的所有证券及期货交易的日常监管。② 具体而言,香港证监会的监管权限主要有:(1)审核、批准拟进入市场交易的期货品种,决定各期货合约的上市交易。(2)批准交易所的开办及其会员、经纪人的资格,审核交易所制定的条例规则。(3)采用先进的技术手段分析市场交易状况,防止股指期货和现货价格的暴涨暴跌。(4)对市场上的失当行为进行调查和惩处,包括对涉嫌的内幕交易及市场操控个案展开调查,对证券市场非法行为进行查处,对证券交易所和结算所进行监管。③

而与香港证监会的事后监管职责相比,作为一线的期货和现货市场的监

---

① 以 2009 年至 2013 年度为例,在这三种股指期货交易量中,恒生指数期货平均占比为 49%,H 股指数期货平均占比为 31%,小型恒生指数期货平均占比为 20%。相关数据参见香港交易所网站 http://www.hkex.com.hk。

② 根据香港证监会的官方网站介绍,其工作宗旨主要有三:一是维持高效、公平和透明的市场运作,以支持香港作为国际金融中心的持续发展;促进市场参与者建立完善的风险管理制度和稳固的金融基础设施,以减少系统风险。二是树立起公信和提高投资者的风险意识,通过培养高素质的市场参与者、严格的信息披露标准和适当的投资者保护措施,旨在增强公众对香港证券期货及相关金融市场的信心,提高公众对证券市场的认识。三是健全监管,以具有高度透明的方式、公正有效地监管证券期货市场,通过对金融市场中的失当行为进行监察和处罚,以确保市场的健康发展。

③ 张艳莹:《香港对股指期货市场实施监管和风险控制的经验及其启示》,载《现代财经》2010 年第 7 期。

管主体,香港交易所则更多担当着监视日常跨市场交易和"防范于未然"的重任。① 为此,香港交易所成立了一个风险管理委员会,由其负责制定交易所及结算公司对股票市场和期货市场的风险管理政策和风险管理,具体内容如下。②

首先,对交易所会员采取分类管理的方式,以达到有效控制风险和强化入市交易机构的自我制约。如委员会规定进入交易所进行股指期货交易的会员有以下几种类型:(1)全会员。可申请全部或个别市场交易权,有权派出经纪进入市场,自行交易及代客户交易。(2)市场会员。只能申请个别市场的交易权,获得交易权后,可派出经纪进入市场,自行交易及代客户交易。(3)附属会员。不能申请交易权,只能通过全会员和市场会员进行交易活动。会员的分类依据是其资信实力、交易历史、风险控制能力、违约违规记录等等。这样能够保证交易客户流向信用好、风险低的"全会员",从而降低整个市场的违约风险。而且,交易所还规定了会员资格和席位不得转让、交易、抵押、拆分、合并等等,以避免由于"全会员"资格背后实际控制人的变化,而使得"全会员"低风险的属性发生变化,进而影响市场的违约风险。

其次,设立报表机制,防范交易主体因跨市场交易滋生风险。金融风险具有很强的传染性,当一方交易主体在某一市场发生财务风险,这一风险可能在同一市场中不同交易主体之间传染,也可以在不同市场参与者之间相互传染。交易所有必要通过了解现货与期货的头寸等来评估交易双方的风险。为此,香港交易所设立综合报表,用以分析每个会员的跨市场风险。报表内容通常包括:(1)清算总额;(2)保证金和风险基金;(3)敏感度分析(计算会员当市场上升或下跌 10%、20%及 30%的风险)。该综合报表涵盖了股票、期权和期货三个市场。这三个市场由三家不同的结算公司来结算,在香港交易所中属三块牌子,一套班子。用一张报表把三个不同的市场放在一起,每个会员在不同市场上的保证金以及风险基金等资料一目了然,通过比较清算量和保证金就能知道会员公司有没有风险。如果清算量超过保证金很多,会员就可能出现

---

① 2003 年 3 月,香港特区政府将香港联合交易所有限公司(联交所)、香港期货交易所有限公司(期交所)和香港中央结算有限公司(结算公司)合并,成立了统一的香港交易所(HKEX)。

② 该风险管理委员会由 8 名成员组成,主要来自交易所、金融管理局及证监会三方面。这种组成结构可以保证委员会全面了解相关信息:交易所了解股票、期货方面的风险;金融管理局了解利率、汇率与其他经济金融政策等,便于及时评估市场的系统性风险;香港证监会主要监管中介机构,可以帮助交易所了解中介机构的风险状况。

财务风险。通过报表还可以了解会员在三个市场的运营与盈亏情况，对于风险较大的会员，交易所可以采取相应的监管措施。

最后，加强交易所与官方监管机构（主要是香港证监会）跨市场的监管合作。这种监管合作主要包括两个方面：一是开展跨市场的信息交流。其中，股票现货的市场信息包括：过去5天成交量汇总情况；成交量最大的10家会员的成交情况；卖空的成交量，如果卖空数量比较大时，市场下跌的风险就比较大。期货方面信息主要包括：整个总成交量，未平仓合约总量及前5个会员总持仓量，具体如表3-2所示。① 二是相互签订谅解备忘录。为了加强市场参与者的自我约束意识，香港交易所还与香港证监会签订了谅解备忘录。根据备忘录的相关内容，香港交易所会随时向香港证监会转介日常交易中发现的、涉嫌不当交易行为的个案（这些个案可能是未被香港证监会及时发觉，或处于现行监管法规灰色地带的事件），以便香港证监会能及时调查、澄清和惩处。如在2010年至2013年间，香港交易所就向香港证监会转接了102起该类个案，而其中有近一半案件是发生在跨市场交易当中。

表3-2　香港股票现货与股指期货市场交流的主要信息

股票现货市场	股指期货市场
总成交量	总成交量
沽空成交量	未平仓合约量
十大会员的总成交量	五大会员的总持仓量

第三节　境外跨市场交易监管对我国的启示

一、监管理念层面的启示

（一）寻求监管与市场的平衡

此次金融危机的发生再次向世人表明，资本市场存在"失灵"，单靠价格机

---

① 邢精平:《香港衍生品跨市场监管机制与启示》,载《深交所》2008年第3期。

制难以有效地解决,必须对其进行有效的监管。而长期以来,资本市场的发展经验证明了政府监管也会存在失灵,过度的政府监管也会破坏资本市场的健康发展。正因市场与政府监管都存在"失灵",自 20 世纪以来,西方国家一直在自由放任、加强监管、金融创新、放任监管、再次加强监管之间摇摆不定,既没有单纯地依靠市场机制,也没有完全依赖政府监管,而是试图寻找二者之间的最佳平衡点。此次金融危机后,各国进一步认识到,只有将市场机制与政府监管有机结合起来,合理平衡二者的关系,才能达到经济发展的最佳效果。因此,金融危机后,境外主要资本市场国家并没有简单地用政府监管取代市场,而是在尊重市场主体地位的基础上,对现行跨市场监管体系进行了一系列的改革,重新划分监管权限和职能,更合理地平衡政府监管与市场的关系。

　　由于中国资本市场尚不够发达,市场失灵的程度远没有政府失灵严重,因此,要合理平衡中国资本市场的政府监管与市场机制的关系,首要是正确把握好政府的干预行为,确定政府监管的限度。综合前人的研究可知,要把握政府监管的限度,应遵循以下三个原则:[①]第一,将政府监管严格限制在市场失灵的领域。市场本身是一种较好的资源配置方式,在市场能有效发挥作用的领域,政府监管不仅显得多余,而且会增加额外的成本,不适当的监管更会破坏市场机制的有效运行。因此,政府监管应严格限制在市场失灵的领域,凡是市场能有效解决的问题,政府都不应该监管。第二,将政府监管限定在对市场缺陷干预能起积极作用的领域。虽然市场会存在失灵,但市场失灵的领域并不见得政府监管就一定能奏效。实践证明,对于某些市场失灵,政府监管能够起到积极作用,而对另一些市场失灵,政府监管的效果却并不理想。对于政府监管效果并不理想的领域,如果强行监管,很可能不仅没有达到预期的效果,反而使问题变得更糟。因此,政府监管只能限于那些监管有效的市场缺陷范围。第三,政府监管应遵循成本—收益分析,将监管限定在能产生效益的范围内。监管虽然能带来收益,但只有监管的收益大于付出的成本时,监管才是适当的。通过成本—收益分析可以发现,当政府监管的边际社会收益刚好等于它引致的边际社会成本时,恰好是监管的边界所在。在政府监管过程中,应严格控制政府监管的限度,确保政府监管不超越边界。而且,在政府监管过程中,应尽可能选择成本较低的方法,减少干预,进而减少监管的成本,提高监管的收益。

---

① 李东方:《证券监管法律制度研究》,北京大学出版社 2002 年版,第 40～41 页。

(二)引入并强化宏观审慎

如前所述,宏观审慎是相对于微观审慎而言的。由于微观审慎的理念存在缺陷,即它没有充分考虑到单个市场参与者之间千丝万缕的联系以及由此产生的系统性风险不可能完全被把握的现实,整个金融体系潜藏着随时爆发危机的可能性。[①] 比如,在本轮金融危机爆发之前,美国的投资银行、商业银行和保险公司,都符合当时监管当局的微观监管指标(如资本充足率水平等),未出现违规情形,但是从宏观审慎监管的角度来看,美国的住房抵押市场非理性发展、场外衍生品市场的巨大交易量等问题都表现出系统性风险的隐患。金融风险之间的相互关联性使得许多市场参与者的决策相互作用会造成风险累积,微观审慎监管机构不仅难以有效识别它们,而且无法防范金融风险跨机构和跨行业蔓延。随着金融全球化趋势日益明显,加强宏观审慎监管成为各国金融监管部门防范系统性风险的重要手段。

全球金融危机彰显了系统性风险在金融稳定中的重要性,危机后美英欧的金融监管改革法案均将系统性风险的防范放在首要的位置,并设置专门的机构加以负责。如美国《多德—弗兰克法案》成立了"金融稳定监督委员会"(Financial Stability Oversight Council,FSOC),并赋予其和美联储(FRS)作为全美宏观审慎监管者的地位,共同担当系统性风险的防范。在分工上:FSOC负责识别和监测系统性风险,FRS在经前者识别为存有系统性风险的情形下有权对一些金融机构提出更高的资本充足率、杠杆限制和风险集中度的要求,甚至在必要条件下可采取"先发制人"的办法对一些大型金融机构强制分拆重组或资产剥离。英国的做法更为干脆,为破解 FSA 长期以来无力应对系统性风险的困境,2010 年《金融服务法》则在英格兰银行董事会下增设"金融政策委员会"(FPC),用于行使全局性、系统性的金融监管职责。与美英相似,在《泛欧金融监管改革法》中,欧盟也设立了一个主要由各成员国央行行长及金融监管当局负责人组成的"欧盟系统性风险委员会"(ESRB)。ESRB的职能是控制欧盟信贷的总体水平,宏观地监测欧盟金融市场上可能出现的各种风险,并在重大风险出现时及时发出预警,在必要情况下向欧盟理事会提出包含法律在内的各种应对措施,以确保欧盟作为一个整体能更好地应对未来的金融危机。可见,引入宏观审慎理念,明确对股指期货与股票现货市场的

---

① Rüdiger von Rosen:《后危机时期主要金融市场监管改革述评》,中国证监会与德国技术合作公司合作研究课题报告,2010 年 6 月 30 日,第 17 页。

监管权,制定跨行业跨市场的交叉性金融业务的标准和规范,建立适合我国国情的宏观审慎监管框架,可有效弥补单纯的微观审慎的不足。

(三)坚持全面监管

经过此次金融危机,境外主要资本市场国家均认识到应坚持全面覆盖监管,填补监管漏洞,消除监管"盲区"和"真空地带"。金融危机后,各国监管改革方案均主张无论金融机构、金融产品还是金融市场,只要可能引发系统性风险,都应纳入监管中来。具体而言,在金融机构方面,要将所有具有系统重要性的机构如对冲基金、私募股权基金、信用评级机构等纳入监管,对具有系统重要性的机构在资本、流动性、杠杆率等方面的监管要求应该更加严格。在金融产品方面,各国明确提出要实施覆盖所有场外衍生品交易的综合监管,所有标准化的衍生品交易都必须在受监管和透明的场所加以执行。在金融市场方面,要对监管薄弱或缺乏监管的市场如融资市场、资产证券化市场加强监管。

欧美资本市场确立的全面监管理念及其具体措施对我国构建多层次资本市场体系,促进资本市场健康、稳定、持续发展具有重要的启示。虽然这次我国没有实质性地卷入这场金融海啸,但是金融危机重灾区存在的监管漏洞问题在我国也是客观存在的。随着我国金融改革的深入和市场开放,金融市场逐渐多层次、金融市场的参与者也日益多元化、金融业务和金融产品也在不断地创新和丰富,确立并坚持全面监管理念尤显意义重大。

(四)协调事前、事中和事后的监管关系

金融危机后境外主要资本市场的监管理念改革表明,相对于监管制度而言,树立一个事前、事中和事后统筹兼顾的全面监管理念至关重要。这种全面监管理念既是对过去百年来全球主要资本市场监管活动反思的结果,也是资本市场结构及其规律的必然反应。它不仅是各国管理层监管活动的行动指南,而且也是评价一国宏观监管优劣的主要标准。囿于各国监管人力、物力与财力皆为有限的现实基础,全面监管理念作为一种动态、辩证统一的普遍范型,其在肯定事前、事中与事后监管同等重要的前提下,绝非简单地要求监管力量在三者中平均、刚性分配。相反地,其要求各国管理层要依据本国金融运行的态势,科学、合理地分配事前、事中和事后监管权力,在制定监管政策和实施具体监管活动时要审时度势,相机性地选择监管的重心所在,以从根本上提高监管的有效性。

具体而言,在金融运行安全,资本市场无明显风险时,由于各项风险指标均在安全区内,为使稳定有序的资本市场能得以可持续性发展,此时的事前、事中和事后监管应三举并重,相辅相成;在金融运行基本安全,资本市场存在

股指期货和股票现货跨市场交易监管研究

厦门大学法学院经济法学文库

轻度风险,市场存在通货膨胀压力,部分指标接近预警值时,为避免市场存量风险的增加,此时就应强化事前监管,正本清源,从源头上减轻不良资产准入给整个资本市场和投资者带来的潜在增量风险;在金融运行出现危机,资本市场风险总爆发时,由于大批金融机构倒闭,市场面临崩溃,投资者信心大受挫折之际,此时就应强化事后监管,即注入资金,出手相援;或者接管整顿,稳定市场信心;或者使其破产,淘汰出局,以防危机愈演愈烈,危及市场生存根基。

就我国而言,经过 30 多年的发展,资本市场目前整体运行良好,但转轨时期基础法规建设的滞后,市场内外约束机制的不健全,投资者的不成熟,加之最近连续 9 年来的市场扩容和晚近金融危机的冲击,使其不可避免地潜藏一定的轻度危险。因此,遵循上述的监管与市场平衡的监管理念,现阶段我国应将监管重心置于事前的准入监管上,特别是加强股票现货发行制度的市场化改革,逐步减少和削弱政府行政干预的色彩,推进股票发行核准制度、发行定价制度以及相关信息披露制度等准入机制方面的构建与优化,以通过准入制度的约束和激励,明晰市场发行主体的责、权、利,强化竞争机制,更好实现价格发现功能,从而发挥市场准入制度在提高我国资本市场资源配置效率、降低市场源头风险以及保护投资者利益等方面的先导性的基础作用。然而,事前监管仅是资本市场监管的第一道闸门,其功能毕竟仅限于"防范于未然",无论这种"滤网"角色编织得何其精密完善,都不可"一劳永逸"地杜绝市场准入后的参与者因利益冲突而出现的各种扰乱市场竞争秩序的不当行为。因此,这就需要通过事中和事后监管加以监测和维护,协调各种利益冲突、矛盾,制裁扰乱、破坏市场秩序的种种不当行为,弥补单纯市场竞争的不足。可见,现阶段我国管理层在加强事前监管的同时,也应重视事中和事后的监管。

二、监管体制方面的启示

世界范围内不同国家存在的金融监管模式,都是在特定的历史背景下根据各国金融体系的专有制度特征演进而成的。根据目前国际上的研究成果,典型的金融监管结构(体制)的类型[①]如表 3-3 所示。

---

① 根据 G-30 小组著作:The Structure of Financial Supervision, Approaches and Challenges in a Global Market Place,Washington 2008,S. 23ff. 转引自 Rüdiger von Rosen:《后危机时期主要金融市场监管改革述评》,中国证监会与德国技术合作公司合作研究课题报告,2010 年 6 月 30 日,第 41 页。

表 3-3　现行的金融监管体制特性及理论依据

类型	特性	支持论据	反对论据
机构导向型监管（中国、墨西哥）	法律地位决定监管部门	* 监管部门之间存在竞争	* 相同的业务不同的规则 * 监管机构之间需协调
功能导向型监管（意大利、法国）	业务性质决定监管部门的职权	* 监管部门之间存在竞争	* 业务范围必须被清楚定义 * 监管机构之间需协调
全能整合式监管（英国、德国）	一个全能的监管部门	* 流线型聚焦监管 * 单独监管	* 监管权垄断 * 机构太大、组织官僚
双峰模式监管（澳大利亚、荷兰）	不同目标不同监管规则（偿付能力和系统监督/市场监督）	* 非常平衡地考虑监管目标	* 监管权垄断

　　不同的金融监管模式都有其优点和缺点，很难得出哪个是最优模式。但是不同的模式可以相互借鉴并根据实际情况不断改进，毫无保留地完全接受在其他国家被证明为成功的模式也是不可能的。对于以上四种模式中的哪种在应对危机过程中获得了最好效果的问题，迄今为止仅有一些零星的研究。一份研究报告显示，那些使用全能整合式监管模式的国家在此次金融危机中受到更严重的打击。当然对这些观点也要谨慎对待，因为监管结构不是导致此次危机的唯一原因。当金融监管部门的员工被问及自身意见的时候，人们则会得到另一种解释。他们认为"监管结构的未来"会趋向全能整合式监管或者双峰模式监管。尽管如此，也有一些估测认为，监管结构不是决定性因素，更加重要的是对每个监管活动本身或者在监管部门之间的活动进行协调。此

外，与其他监管参与者，如财政部和中央银行在监管程序上的合作显得更为重要。①

就资本市场的监管本身而言，在实践中资本市场并不是在封闭的状态中运行的，进行交易的主体不仅包括中小型投资者，更主要的还是银行等金融机构或者大型经纪商。因此，资本市场的监管体制除了针对证券、期货等不同产品及具体交易行为的功能型监管，还涉及不同类型金融机构的机构型监管。

其中，机构型监管权限的划分是根据金融机构的性质（银行、证券公司、保险公司或期货交易商），而不论其从事何种业务或是否从事混业经营。它的出发点在于对各类型金融机构性质差别的认识，这在分业经营条件下，或者金融业内部分工比较明确、界限比较清楚的前提下，效果十分明显。由于它所关注的是单个机构的状况，因而特别适合审慎监管，并且各类金融机构只需对相应的监管者负责，从而可以避免不必要的监管交叉。但是，随着金融混业经营及各部门之间界限的日益模糊，机构型监管的不足之处也显而易见，如它无法解决各类金融机构间的公平竞争问题。如果提供类似金融服务和产品的各金融机构接受不同的监管，那么它们所面临的监管程度及与此相关的服从成本可能存在很大的差异，进而导致某些机构享受特殊的竞争优势。更重要的是，金融集团可以利用其业务分散、多样化等特点，进行监管套利。

功能型监管则主要依据金融体系的基本功能而设计。较之传统金融监管，功能型监管关注的是产品所实现的基本功能，并以此为依据确定相应的监督机构和管制规则，从而能有效解决混业经营条件下创新产品的管制归属问题，避免监管"真空"和多重监管的出现。它针对混业经营下金融业务交叉现象层出不穷的趋势，强调跨产品、跨机构、跨市场的管制，通过这样的方式有利于监管机构突破行业局限，对金融业实施整体规制。而且，由于金融产品所实现的基本功能具有较强的稳定性，因此其所设计的监管模式和监管规则更具连续性和一致性，能够更好地适应金融业在发展过程中可能出现的各种新情况。这种功能监管思路避免了在制度理论下一个"法律主体"（legal entity）在另一个业务领域从业时会遇到的麻烦，即经营领域与经营主体的法律状态无关，不管从事同一业务的是一家保险公司还是一家银行机构，在监管方面都会被同等对待。由于在这种制度下甚至存在不止三个监管部门之间的竞争，它

---

① Rüdiger von Rosen：《后危机时期主要金融市场监管改革述评》，中国证监会与德国技术合作公司合作研究课题报告，2010 年 6 月 30 日，第 43 页。

的竞争因素还要强于制度理论的设想。然而这种理论实现的决定性因素是，从业领域可以彼此清晰地区别开来，否则就会出现这样的问题：一个金融机构的业务领域处于两个或者多个监管部门的监管领域和规则的监管下，这些安排有可能大大提高金融机构的管理成本。这有点类似于制度理论，在这种理论影响下的监管也需要解决不同部门之间的监管协调问题。① 纯粹的功能型监管的最大问题是，在这种监管体制下，各监管机构都无法对金融机构的整体情况有一个清晰明确的认识，特别是金融机构的整体管理水平、风险控制措施和清偿能力。因此，在金融危机之前，各国在监管措施的选择上或者采取功能型监管为主但不放弃机构型监管（如英国）或者侧重于机构型监管（如美国）。

而金融危机之后，机构型监管在系统性风险防范上的缺陷以及更多关注于局部性风险的特征日益受到监管者的质疑。现代化的金融机构涉足了不同领域的各种产品，几乎没有一个银行集团还停留在传统的储蓄和贷款业务，而且不同金融产品间的差异也在逐渐缩小（例如多数银行理财产品都具有衍生品的特征），银行、保险公司、证券公司、投资公司间传统的界限已经不能反映目前金融部门划分的需要。在这样的背景下，功能型监管的优势日益显现，能从更高的角度来监控整个金融市场。它通过不同金融产品的区分，按照市场准入、风险防范、信息披露和审慎经营等来分配监管职责。例如，英国《改革金融市场》的白皮书在肯定金融服务局职能的同时，要求其在现有 4 个职能的基础上增加第 5 个职能——跟踪、判断和控制金融体系的风险，这种职能的划分显然是以功能型监管为导向。而美国在《现代金融监管框架改革蓝图》的长期目标中，也特别提到构建最优的金融监管架构，该架构包含 3 个支柱：着眼于整个金融市场的市场稳定监管、解决由政府担保所导致的市场纪律缺乏问题的审慎金融监管和立足于消费者保护、解决商业行为标准问题的监管，强调从灵活的目标导向出发，更有效地在维护金融稳定和金融创新之间取得平衡，从而实现对系统性风险的全面覆盖。

目前我国仍然实行严格的分业经营体制（虽然已出现混业经营的实践），现行的金融监管机构除财政部、审计署等政府监管部门以外，主要由国务院派驻各金融机构的监事会、银监会、证监会和保监会负责，直属国务院领导。其中，银监会负责监管商业银行、政策性银行、信托投资公司、资产管理公司、农

① Rüdiger von Rosen:《后危机时期主要金融市场监管改革述评》，中国证监会与德国技术合作公司合作研究课题报告，2010 年 6 月 30 日，第 42 页。

村信用社等存款类金融机构;证监会负责监管证券公司、期货公司;保监会负责监管政策性保险公司和商业性保险公司。除监事会外,其他监管机构都在各省市设有派出机构。而具体到衍生品市场,证监会主要负责监管国内期货交易;国有企业参与境外期货业务由国务院批准,并取得证监会颁发的境外期货业务许可证,套期保值计划报证监会备案,选择期货品种由国家经贸委或商务部核准;而商业银行从事衍生品交易则由银监会监管。

但是随着金融创新以及金融市场的发展和成熟,我国不同种类的金融机构业务日益交叉,金融控股公司已经出现并得到一定的发展。而交叉性业务的出现,既可能导致监管重叠,也可能出现监管缺位。"一行三会"立足于金融机构类型划分的监管模式显得力不从心。由于银监会、证监会和保监会及其派出机构是平级的,若一家金融机构经营不同业务,某项业务发生风险,在确定由哪家监管机构牵头、作出最后决定等方面存在着现实困难。另外,因为涉及多个行业的监管机构,各监管机构的监管目的、方法和重点各不相同。只要在不同的专业金融监管体系之间存在差异,金融控股公司就可能会采取规避监管的行动,建立一种经营阻力和成本最小的组织模式,从而增加各专业金融监管当局在对相关金融机构进行监管过程中的困难。

在现阶段,对于我国而言,庞大的金融体系和复杂的国家权力分配结构中,要立即改变多个监管机构并存的模式并不可行,更现实的方式是借鉴美国和欧盟的改革方案。在美国的《多德—弗兰克法案》中规定设置"金融稳定监督委员会",来实现对危机的早期发现,在美国金融系统生存受到威胁的时候,可以帮助监管当局提供应对建议。该委员会隶属于美国财政部长管辖,由美国金融市场监管机构的九位主席组成。另外还设立了一个金融研究办公室作为"金融稳定监督委员会"的咨询机构。在欧洲,未来的金融监管系统中将由欧洲系统风险委员会(ESRB)作为一个类似机构发挥作用。欧洲系统风险委员会收集有关金融系统稳定方面的信息,识别系统性风险并提出风险预警和处理意见以及检查相关规章的遵守情况。预警和建议可以向欧盟提出,也可以向单个或者多个成员国政府以及欧盟级别或者国家级别的监管机构提出。欧洲系统风险委员会接受欧洲中央银行主席领导,此外该机构还包括三位新的欧盟监管机构的主席、一位来自欧盟委员会代表和来自 27 个国家的货币发

行机关的代表。[①]

欧盟系统风险委员会和美国的金融稳定监管委员会较之于危机前的功能性监管有一定的发展,更侧重于系统性风险的审慎监管。

三、监管内容方面的启示

(一)重新配置监管机构与权限,注重机构间的监管协调

危机前美国采取的是一种"多边并立"的监管体制。这一体制的弊端就是容易造成监管重叠或监管真空。《多德—弗兰克法案》虽然未能对其作实质性调整与合并,但却对既有的监管机构进行了大刀阔斧的重组,并进一步增强和明确了监管职能。包括:擢升美联储的监管职权,使之成为系统性风险监管者;撤销储蓄管理局,将其与货币监理署合并,负责全国性银行的监管;新增联邦保险办公室负责保险业的监管等。而为避免机构间在监管上的推诿或竞合,法案赋予新成立的 FSOC 拥有协调和促进各监管机构信息共享的特别权限。英国的做法与美国颇为类似,其 2009 年《银行法》重新明确了中央银行即英格兰银行在金融稳定中的职责和所处的核心地位,并在英格兰银行董事会下新设 FPC 和审慎监管局(PRA)两个机构行使央行的宏观审慎监管职责。而为解决因此与 FSA 原有的微观审慎监管可能出现的抵牾,英国正在计划酝酿一个由财政部、英格兰银行和 FSA 三方共同组建的金融稳定理事会(CFS)专司监管协调。相比英国,欧盟的改革力度更大。根据《泛欧金融监管改革法》,欧盟拟将原先的银行、证券和保险监管委员会合并为新的欧盟金融监管局(ESA),由其统一行使微观审慎监管职权。不过,欧盟毕竟不是一个真正意义上的超国家机构,虽然 ESA 拥有比成员国监管机构更权威的最终决定权,有权驳回或否决各国监管机构的决定,但其对一国金融市场和金融机构的日常监管权仍操持在各成员国自己的手中。故为有效弥补各成员国金融监管当局行使职能时"井水不犯河水"的缺陷,法案授权 ESRB 负责建立 ESA 与成员国监管当局的信息交流与合作机制,目的是使 ESA 能够将欧盟整体监管的大框架与各成员国的专业监管机构两方面的优势进行有效整合。[②]

---

① Rüdiger von Rosen:《后危机时期主要金融市场监管改革述评》,中国证监会与德国技术合作公司合作研究课题报告,2010 年 6 月 30 日,第 42 页。

② 杨东:《后金融危机背景下欧盟金融监管改革的新发展》,载《证券法苑》2010 年第 3 卷(上),第 365 页。

(二)限制高风险交易行为,强化对金融消费者的保护

美国金融监管改革的一个重要内容是引入沃尔克规则(Volcker Rule),禁止银行利用参加联邦保险的存款进行自营交易,以从根源上控制银行的规模和风险敞口。不仅如此,《多德—弗兰克法案》还特别加强了对包括信贷违约互换(CDS)市场在内的所有场外衍生产品交易和其他高风险交易行为的监管。如在资产证券化业务上,法案要求对贷款进行打包的银行须将其中5%的信贷风险保留在银行的资产负债表中。无独有偶,英国和欧盟的改革法案也对金融机构的一些高风险业务进行严格的约束。如英国新增授权FSA有权采取紧急行动,限制卖空行为,并对机构卖空行为要求进行信息披露。而欧盟则对私募基金、对冲基金以及其他替代投资行为进行限制:如全面禁止CDS类型产品的裸卖空,要求将所有标准化衍生品纳入交易所或电子平台交易及通过中央清算所清算等。此外,美英欧三个金融监管改革方案也几乎不约而同地加大了对金融消费者的保护力度。如美国的《多德—弗兰克法》在FRS内设立金融消费者保护局(CFPA),英国2010年的《金融服务法》计划在FSA下成立一个新的消费者保护和市场管理局(CPMA)。通过这些专门机构的执法,美英试图确保金融消费者进入金融市场后能免受金融机构的欺诈,购买或接受到公平、透明与高效的金融产品或服务。欧盟的做法虽然不一,但自危机以来已连续三次对2006年的《资本金要求指令》进行修订,目的也是试图强化对银行的风险约束和提高存款保障金额及补偿比率,借此增强银行对受害金融消费者的赔付能力。

(三)保持灵活的监管框架,构建跨市场交易的卖空熔断制度

境外成熟股指期货市场的运作表明,股票市场与股指期货市场的联动监管延展了交易监管的覆盖面,因此对跨市场交易的监管是一个动态变化的过程,意即监管框架不是一成不变的,而应随市场情况的变化随时更新。监管框架要能够做到既鼓励市场创新,又能限制创新中对市场带来损害的部分。现代市场的本质是竞争和创新。一个过于僵化的监管体系只会阻碍市场的发展。美国的CFMA监管体系就是一个开放的体系,是根据交易产品的特性和参与者的特点而变化的体系。这种多层次的监管体系允许交易所更快地创新以迎接新的挑战,也使CFTC和SEC不仅对期货市场,也对股票现货市场都采取诸如保证金、涨跌停板、持仓限额、大户报告、分级结算、结算联保和卖空熔断等各项基于风险的管理方法。而在这其中,卖空熔断制度是调控股票现货与股指期货风险传递的"阀门",被称为是跨市场交易监管中最为基础和核心的监管制度。如2010年5月20日美国SEC推出了适用于标普500成分

股和 ETF 基金产品的个股熔断制度——只要任何一只股票在 5 分钟内的波动幅度达到 10%，该股在所有市场都必须暂停交易 5 分钟。反观我国，现行的股票现货市场监管规则尚未设置熔断制度，对异常情形下的卖空监管力度稍显不足。为此，随着我国资本市场逐步完善和卖空交易不断成熟，我国应在股票现货市场设计具体熔断点以及后续交易时间，完善交易程序，逐步恢复断路器制度来防止价格过度波动。

(四) 推进场外衍生品场内清算化进程

全球金融危机爆发后，成熟市场监管部门意识到场外衍生品市场对金融体系的冲击，并立即着手对场外衍生品市场实施"场内化"监管，即通过交易所这一"中心交易方"的中介促成买卖双方之间的交易，衍生品供应方和衍生品购买方之间的简单合约关系就被双重合约关系所取代（Novation），这包括了衍生品供应方与中心交易方之间以及衍生品购买方与中心交易方之间的双重合约关系。美国政府于 2009 年 5 月发布的场外衍生品交易新监管框架，主要包括两个要点：第一，修订商品交易法（CEA）和证券法，要求所有标准化的场外合约必须通过受监管的中央交易所（CCPS）统一进行清算，通过充足的保证金覆盖及其他必要的风险控制措施，确保定制化的场外合约不被用作规避中央交易所清算的手段。如果某一特定场外衍生产品已在一家或多家中央交易所接受清算，即默认该产品为标准化的场外合约，应纳入统一清算的范围。第二，提高场外衍生品市场的效率和透明度，拟授权商品期货交易委员会和证券交易委员会对场外市场进行监管，要求所有未经中央交易所清算的合约均应向受监管的交易所报告，未经过中央交易所进行标准化交易结算的交易应当做好记录备案，结算部门应向公众提供市场敞口头寸和交易总量等数据。2010 年 7 月生效的《多德—弗兰克法案》要求日常衍生品在交易所或类似电子交易系统中交易，并通过清算所进行清算；定制的掉期产品交易将仍可以在场外市场进行，但相关交易必须上报至中央储存库，以便使监管机构能够对整体市场形势有更加全面的掌握。

(五) 推进跨市场信息交流，确立股指期货投资者适当性制度

从境外市场运行来看，基于跨市场监管所提供的信息主要是为了防止系统性风险与公司财务风险，因而，其与现货市场的信息交流就显得特别重要。而通过对境外的跨市场交易监管法律安排的梳理，我们不难发现，良好的跨市场信息监管机制不仅可以避免多个互相关联和影响的资本市场出现跨市场内幕交易行为，更可以使资本市场间产生良性互动，使其具有更好的价格发现机制、更完善的信息传递机制以及更高的市场效率，从而实现资源的有效配置。

目前，我国跨市场交易监管中需要通过期货与现货市场交流的信息很多，如包括了标的成分股累计持有量、成交量较大或者股指期货合约持仓量、成交量较大的投资者的委托、交易、持仓和资金数据等。我国应借鉴境外的做法，通过相应的机制确保两市的信息交流常态化。此外，由于金融危机期间投资者购买不适当投资产品的风险加大，高盛在"欺诈门"事件中的蒙羞更是使不适当销售的金融机构面临着丧失客户和发展前景的风险。投资者的适当性是投资者对金融市场的信心所在，对金融机构的健全性、金融体系的稳定性也具有较为深远的意义。为此，美国、英国和日本等在跨市场监管中普遍确立了投资者适当性制度。我们认为，股指期货作为一种交易机制复杂、风险程度较高的金融衍生产品，客观上要求投资者具备较高的专业水平、较强的经济实力和风险承受能力，故我国应充分借鉴境外经验，在股指期货市场建立和完善投资者适当性制度，使之成为整个资本市场创新产品适当性制度的"先行者"。

第四章

我国跨市场交易监管完善之径：宏微观审慎的有机推进

随着 2010 年 4 月 16 日首批 4 份沪深 300 股指期货合约的挂牌上市，我国资本市场形成了由股票现货一级市场、二级市场和股指期货风险管理市场组成的多层次立体市场格局，在形式上与境外成熟的资本市场并无不同。可以说，股指期货交易的推出既是我国资本市场的一项重要金融创新，也是我国金融衍生市场的开闸之举，它的顺利实施对我国资本市场的基础制度创新具有里程碑的意义。然而，实事求是地看，我国现阶段的股指期货市场发展水平与国际成熟市场和我国实体经济的要求还有很大的差距。面对股指期货市场的固有风险和我国新兴加转轨的特殊市场阶段，加之我国目前尚无健全的跨市场风险控制和监管机制，因此如何顺应形势，加强跨市场法律、法规建设，有效地化解市场风险，保持市场的流动性、竞争性和高效性，保障投资者合法权益，创造一个安全平稳的市场运行秩序，已成为当前跨市场风险监控的重大课题之一。美国、英国、日本等发达经济体对股指期货和股票现货市场跨市场交易监管的晚近变革，以及我国香港等新兴地区对跨市场交易监管的有益探索，都为我国监管当局在设计跨市场交易监管体系提供了一种很好的参鉴。为此，本章将基于实现对经济建设与股票现货市场的风险转移与管理，促进中国金融市场体系的全面、平衡、有序、高效发展的基本定位，结合我国股指期货市场运行现状、股指期货仿真交易运行情况和危机后境外金融期货市场的发展动态，从宏观与微观审慎的维度探讨我国跨市场交易法律监管机制的完善。

第一节 我国跨市场交易监管的
法律现状与问题揭示

一、我国跨市场交易监管的规则体系

如前所析,无论是广义抑或狭义的跨市场交易,其都围绕着股指期货交易这一核心展开。因此,各国有关股指期货交易监管的法律规定当然构成跨市场交易法律监管的有机组成部分。具体到我国,由于目前我国对股指期货交易的监管基本上是采用国际上通用的三级监管模式,即由证监会、金融期货交易所和期货业协会三级共同负责股指期货市场的风险监管,故从监管的法律依据而言,我国在跨市场交易监管上也相应形成了由法律(狭义上)、行政法规、部门规章和交易所准则组成的全方位、多层级的规则体系。

在这些规则体系中,《证券法》处于最为核心和基础的地位。现行《证券法》第 2 条的规定,即"在中华人民共和国境内,股票、公司债券和国务院依法认定的其他证券的发行和交易,适用本法;本法未规定的,适用《中华人民共和国公司法》和其他法律、行政法规的规定。政府债券、证券投资基金份额的上市交易,适用本法;其他法律、行政法规有特别规定的,适用其规定。证券衍生品种发行、交易的管理办法,由国务院依照本法的原则规定"已事先为股指期货交易的引入打下了制度伏笔,暗示着《证券法》调整的范畴将从股票现货单边市场扩大到现货与期货兼备的双边市场。[①] 而《证券法》第 42 条,即"证券交易以现货和国务院规定的其他方式进行交易"的这一规定,更非常清楚地说明我国发展股指期货交易的立法决心。此一规定既为现货和期货这两个双边市场格局的形成奠定了法律基础,又为跨市场交易提供了合法的制度保障,可以称得上是调整跨市场交易监管的基本法。

---

① 因为 1998 年的《证券法》不允许期货、期权等证券交易方式,使得股指期货的产生无合法依据。故当时的市场是一个单边市场,投资者无法通过对冲交易来规避市场的系统性风险。

在 2005 年《证券法》解除跨市场交易限制之后,我国中央政府和各方市场监管主体均对此做出了积极回应。首先,国务院于 2007 年对 1999 年的《期货交易管理暂行条例》进行了全面修订,首次将条例规范的内容由商品期货扩展到金融期货和期权交易,并进一步完善了期货交易风险控制和监督管理制度。① 其次,为贯彻落实《期货交易管理条例》,中国证监会陆续发布并调整了一系列相关的配套办法,诸如《期货交易所管理办法》《期货公司管理办法》《期货公司金融期货结算业务试行办法》《关于建立股指期货投资者适当性制度的规定》等,进而在期货市场基本上形成了覆盖面较广、针对性更强的规章框架体系。最后,中金所也依照上述行政法规和部门规章,分别制定了《中金所交易规则》《中金所结算细则》《中金所风险控制管理办法》等。此外,我国期货业协会也颁布了诸如《期货经纪合同指引》等行业内的准则性文件。毋庸置疑,这些自律机构制定的细则、规则、管理办法和文件也构成了我国股指期货市场法律法规体系的有机组成部分,为我国沪深 300 股指期货的顺利推出和后续的健康发展提供了具体的制度保障。

二、我国跨市场交易监管的具体规则

总括和梳理上述我国跨市场交易监管的规则体系,我们可以将其涉及跨市场交易风险监管方面的规则分为基本交易规则、结算规则和紧急措施规则三类。

(一)基本交易规则

跨市场交易监管涉及的基本交易规则包括保证金交易规则、当日无负债规则、强行平仓规则、价格限制规则、持仓限制规则、结算担保金规则、大户报告规则和风险警示规则。

1.保证金交易规则。为了确保履约,维护跨市场交易双方的合法权益,《中金所风险控制管理办法》专门为我国沪深 300 股指期货交易制定了交易保证金规则。根据该管理办法第 5 条的规定,股指期货合约最低交易保证金标准为 12%。同时,在期货交易过程中,出现下列情形之一的,如(1)期货交易

---

① 2012 年 10 月 24 日,国务院公布了《关于修改〈期货交易管理条例〉的决定》(参见《国务院令第 627 号》)对此条例又作了修订。修订后的条例第 82 条第 1 款第 1 项则将金融期货合约明确界定为,是指以有价证券、利率、汇率等金融产品及其相关指数产品为标的物的期货合约。以下若没有特别说明,所提及的《期货交易管理条例》均指最近修订的。

股指期货和股票现货跨市场交易监管研究

厦门大学法学院经济法学文库

出现涨跌停板单边无连续报价即单边市;(2)遇国家法定长假;(3)交易所认为市场风险明显变化;(4)交易所认为必要的其他情形,则交易所可以根据市场风险状况调整保证金标准,并向证监会报告。而根据《中金所结算细则》第三章的规定,期货保证金通常存放于与交易所签订协议的存款银行,并接受中国保证金监控中心的监控。

2.当日无负债规则。由于保证金交易的特殊性,其风险较高。如果指数下跌1%,投资者可能要蒙受12%的损失甚至更高。而根据《中金所结算细则》第41条,所有的交易需要当天开展结算,意即当日收市后,交易所会按照当日结算价对结算会员所有合约的盈亏、交易保证金及手续费、税金等费用进行结算,得出客户保证金账户的存款余额,并将结果通知所有的期货交易会员并与之完成无负债结算。然后,期货交易会员根据期货交易结算结果再与客户进行结算,并将结算结果按照与客户约定的方式及时通知客户。凡客户已经穿仓的,将按合同构成对期货交易会员的负债,期货交易会员有权要求该客户增加交易保证金,但须先垫上自有资金对交易所承担责任。

3.强行平仓规则。强行平仓是指交易所按有关规定对会员投资者的持仓实行平仓的一种强制措施。该规则由《中金所风险控制管理办法》第六章所确立。其规定,会员投资者出现下列情况之一的,交易所对其持仓实行强行平仓:"(1)会员结算准备金余额小于零,并未能在规定时限内补足的;(2)持仓超出持仓限额标准,并未能在规定时限内平仓的;(3)因违规受到交易所强行平仓处罚的;(4)根据交易所的紧急措施应予强行平仓的;(5)其他应予强行平仓的。"强行平仓的执行程序如下:"(1)通知。交易所以'强行平仓通知书'(以下简称'通知书')的形式向有关结算会员下达强行平仓要求。通知书除交易所特别送达以外,随当日结算数据发送,有关结算会员可以通过交易所系统获得。(2)执行及确认。开市后,有关会员应自行平仓,直至达到平仓要求;结算会员超过规定平仓时限而未执行完毕的,剩余部分由交易所执行强行平仓;强行平仓结果随当日成交记录发送,有关信息可以通过交易所系统获得。"

4.价格限制规则。根据《中金所风险控制管理办法》第8条的规定,期货交易实行价格限制,采取涨跌停板制度。其中,沪深300股指期货合约规定:(1)每日价格最大的波动限制为上一个交易日"结算价"的上下10%;(2)季月合约上市首日,涨跌停板幅度为挂盘基准价的上下20%;(3)最后交易日涨跌停板幅度扩大为上一个交易日"结算价"的上下20%,以便期货市场的合约价

格和对应的股票市场标的指数在最后交易日无缝对接。①

5.持仓限额规则。就如一个水库的水位若超过了它的容量,则就有可能对大坝造成压力。因此,为防范某些会员或客户单边持仓数量过大而操纵市场,给股指期货市场带来紊乱因素,《中金所风险控制管理办法》第四章确立了持仓限额规则,内容为:(1)进行投机交易的客户号,某一合约单边持仓限额为100手;(2)某一合约结算后单边总持仓量超过10万手的,结算会员下一个交易日合约单边持仓量不得超过该合约单边总持仓量的25%;(3)会员、客户持仓达到或者超过持仓限额的,不得同方向开仓交易。

6.结算担保金规则。对于一些超过结算会员承担能力以外的风险事件,我国中金所还建立了结算担保金制度。根据《中金所风险控制管理办法》第八章之规定,结算担保金分为基础结算担保金和变动结算担保金两种。其作为一种联保制度,即当个别结算会员出现违约时,在动用完该违约结算会员缴纳的基础结算担保金之后,可要求其他会员的结算担保金按比例共同承担该会员的履约责任,故而是结算会员之间实现风险分担的办法。不同会员承担的履约比例是不同的。各类结算会员的基础结算担保金为:交易结算会员人民币1000万元,全面结算会员人民币2000万元,特别结算会员人民币3000万元。

7.大户报告规则。股指期货市场瞬息万变,当会员或客户的持仓达到一定数量或标准时,会员应有在下一个交易日收市前向交易所报告的义务。客户也应通过其代理会员向交易所报告有关情况,使交易所有足够的时间来关注和控制事态的发展。依《中金所风险控制管理办法》第16条的规定,客户未报告的,开户会员应当向交易所报告。客户在多个会员处开户的,由交易所指定有关会员向交易所报送该客户应当报告的有关资料。交易所有权要求会员、客户再次报告或者补充报告。②

8.风险警示规则。交易所实行风险警示制度。交易所认为必要的,可以

---

① 与沪深300股指期货合约的涨跌停板制度不同,股票现货的价格涨跌停板制度是上一个交易日收盘价的上下10%。显然,这里的收盘价是一个时点价格,不同于结算价是收市前某一个时间段的"加权平均价格"。

② 根据《中国金融期货交易所风险控制管理办法》第17条的规定,这里的有关资料包括:(1)《大户持仓报告表》,内容包括会员名称、会员号、客户名称和客户号、合约代码、持仓量、交易保证金、可动用资金等;(2)资金来源说明;(3)法人客户的实际控制人资料;(4)开户资料及当日结算单据;(5)交易所要求提供的其他资料。

分别或同时采取要求报告情况、谈话、提醒书面警示、公开谴责、发布风险警示公告等措施中的一种或多种,以警示和化解风险。根据《中金所风险控制管理办法》第九章第 39 条的规定,出现下列情形之一的,交易所有权约见指定的会员高管人员或投资者谈话提醒风险,或要求会员或投资者报告情况:"(1)期货价格出现异常;(2)会员或投资者交易异常;(3)会员或投资者持仓异常;(4)会员资金异常;(5)会员或投资者涉嫌违规违约;(6)交易所接到投诉涉及会员或投资者;(7)会员涉及司法调查;(8)交易所认定的其他情况。"

(二)结算规则

1.间接持有的分级结算。依此规则,从事跨市场交易的当事人须为中金所的交易会员,任何当事人欲从事证券期货的跨市场交易必须通过经合法批准的期货经纪人进行,客户与期货经纪人之间的关系为特定的经纪合同关系。此外,根据《期货交易管理条例》第 8 条和《中金所会员管理办法》第三章的规定,与金融期货交易所进行每日结算者必须为其结算会员,不具备金融期货交易所结算会员的期货公司必须通过结算会员与交易所结算;交易所的结算会员按其性质分为一般结算会员与特别结算会员两种。一般结算会员分为交易结算会员与全面结算会员两种,其以自有资金并且自担风险代表其全部客户与交易所结算,而特别结算会员与交易所结算时所能代表的客户比较有限,通常是不参与交易只代理结算的银行。不过,不管是何种类型的结算会员,其都必须按规定向交易所缴纳风险准备金,并对其全部客户的交易向交易所负有结算担保责任。

由上分析可见,我国投资者在跨市场交易中对股指期货合约结算同股票现货一样,实行的是金字塔形的多元、多层次的间接持有模式。[①] 期货会员作为交易所的会员,尽管其背后有很多实际出资的投资者,但他们并非以自己的名义,而是以期货会员的名义从事交易行为,就此而言,投资者与期货公司之间属于信托法律关系。

2.DVP 交收。所谓 DVP(Delivery Versus Payment),是指在证券登记结算机构的组织管理下,结算参与人进行的证券交收和资金交收同时完成,且不

---

① 证券持有模式的分类标准是投资者名义是否直接体现在发行人或代理人保存和维护的证券持有人名册上,如果有,则为直接持有;若否,则为间接持有。

可撤销。① 在此机制下,一旦结算参与人发生资金或证券交付违约,则证券登记结算机构可以暂不向违约参与人交付其买入的证券或应收的资金,并在必要时对暂不交付的资金或证券进行处置,从而控制和化解本金损失的风险。根据《中金所结算细则》第73条的规定,结算会员无法履约时,交易所有权按照规定采取包括:(1)暂停开仓;(2)强行平仓;(3)动用违约结算会员缴纳的结算担保金;(4)动用其他结算会员缴纳的结算担保金;(5)动用交易所风险准备金;(6)动用交易所自有资金等保障措施。

(三)紧急措施规则

根据《期货交易管理条例》第12条的规定,当我国期货市场出现异常情况时②,期货交易所可以按照其章程规定的权限和程序,决定采取下列紧急措施,并应当立即报告国务院期货监督管理机构:(1)提高保证金;(2)调整涨跌停板幅度;(3)限制会员或客户的最大持仓量;(4)暂时停止交易;(5)采取其他紧急措施。而根据《中金所交易规则》第八章的规定,在期货交易过程中,出现下列情形之一的,交易所可以宣布进入异常情况,在报告中国证监会后采取紧急措施化解风险:(1)因地震、水灾、火灾等不可抗力或者计算机系统故障等不可归责于交易所的原因导致交易无法正常进行;(2)会员出现结算、交割危机,对市场正在产生或者将产生重大影响;(3)出现本规则第62条情况并采取相应措施后仍未化解风险;③(4)交易所规定的其他情况,现前款第(1)项异常情况时,交易所总经理可以采取调整开市收市时间、暂停交易等紧急措施;出现前款第(2)(3)(4)项异常情况时,交易所董事会可以决定采取调整开市收市时间、暂停交易、调整涨跌停板幅度、提高交易保证金、限期平仓、强行平仓、限制出金和强制减仓等紧急措施。

在上述紧急措施中,最严厉的莫过于我国期货交易中独具特色的强制减仓制度。所谓强制减仓,依《中金所风险控制管理办法》第29条之界定,是指

---

① 按照1995年国际证券服务协会(ISSA)的定义,"证券从卖方转移到买方的同时,资金从买方转移到卖方,其间不能有时间差(Time Gap);交付一旦发生具有终结性,不可撤销"。

② 这里的"异常情况"是指在交易中发生操纵期货交易价格的行为或者发生不可抗拒的突发事件以及国务院期货监督管理机构规定的其他情形。

③ 《中国金融期货交易所交易规则》第62条规定,期货交易出现同方向连续涨跌停板单边无连续报价或者市场风险明显增大情况的,经交易所董事会执行委员会审议批准,交易所可以采取调整涨跌停板幅度、提高交易保证金标准及强制减仓等风险控制措施化解市场风险。

交易所将当日以涨跌停板价格申报的未成交平仓报单,以当日涨跌停板价格与该合约净持仓盈利客户按照持仓比例自动撮合成交。而该管理办法第30条则要求强制减仓措施须采用从大盈利持仓者到小盈利持仓者逐级分配的办法,并将客户该合约的持仓盈亏总和除以净持仓量[1],单位净持仓盈利大于零的客户的盈利方向净持仓均列入平仓的范围。进一步地,在上述平仓范围的基础上,办法明确平仓数量的分配按照盈利大小的不同分为三级,逐级进行分配,首先分配给单位净持仓盈利大于等于 D2 交易日结算价的 10% 的持仓,其次分配给单位净持仓盈利小于 D2 交易日结算价的 10% 而大于等于 6% 的持仓,最后分配给单位净持仓盈利小于 D2 交易日结算价的 6% 而大于零的持仓。

三、我国跨市场交易监管的缺陷与不足

(一)宏观法律监管的缺陷与不足

1.宏观审慎监管主体缺位

我国金融业目前实行的是"一行三会"的分业监管格局。其中,银监会、证监会和保监会各自负责银行业、证券业和保险业的微观审慎监管,而有关跨市场、跨行业的宏观审慎监管却长期付诸阙如。虽然上述三家金融监管机构早在 2003 年就签署了金融监管分工合作备忘,明确了"分业监管、职责明确、合作有序、规则透明、讲求实效"的指导原则,并建立了共同参与的联席会议制度,但该文件并没有考虑到人民银行的风险性监管职能,从而加剧了我国金融市场宏观审慎监管缺位的问题。[2] 而且,由于该谅解备忘录的相关规定过于原则,缺乏明确的授权支撑和操作细则,结果使得实践中代表交流和协作的联席会议自文件签署至今也未曾实现。[3] 此外,此"三会"的协调文件也陈述了国务院应建立"三会"在金融监管方面的管理协调机制,但事实上,分业监管以

---

① 持仓盈亏总和是指客户该合约所有持仓中,D2 交易日(含)前成交的按照 D2 交易日结算价、D1 交易日和 D0 交易日成交的按照实际成交价与 D0 交易日结算价的差额合并计算的盈亏总和。

② 《中国人民银行法》第 2 条早已赋予人民银行具有防范和化解金融风险、维护金融稳定之职责。

③ 如除了 2003 年 9 月和 2004 年 3 月召开两次联席会议后,迄今为止并没有见到任何有关这种金融监管合作的报道。

及行政工作中的领导负责制造成的各自为政一直使得这种协调停留在理论层面。前已述及,跨市交易可能导致股市价格、成交量出现异常波动,且一旦被跨市操纵力量所利用,往往会使原属于现货或期货的市场风险突变成影响整个资本市场的系统性风险。故在此情境下,倘要等形同虚设的"三会"联席协调后再出台应对措施,则很可能错过最佳处理时机而使得事态进一步恶化,形成系统性的金融风险和危机。再者,在涉及期货结算的银行业务上,由于现行的银监会和证监会都可以行使管辖权,这必在一定程度上导致监管的重叠或抵牾,耗费监管资源,造成市场风险无人问津的局面。

2. 监管结构权力配置失衡

前已述及,目前我国股指期货市场的监管架构主要由证监会、中金所和期货业协会三级组成。然而,与境外成熟市场不同的是,在这三级监管中,我国证监会一直居于主导地位,其不仅拥有各种有关期货市场监督管理的规章、规则的立法权和审批权,在对整个期货市场的监管上也是无所不包,表现在:首先,从被监管对象种类看,证监会的监管涵盖了期货交易所、期货公司及其他期货经营机构、非期货公司结算会员、期货保证金安全存管监控机构、期货保证金存管银行、交割仓库等市场相关参与者;其次,从期货交易的环节上看,证监会统摄了期货合约品种的上市、交易、结算、交割等全流程及其相关活动;最后,从内容上看,证监会还深入到许多具体的微观领域,如期货从业人员的资格标准和管理等。[①] 而反观中金所,虽然其是公司制的证券期货交易所,既独立经营,又独立核算,但在实践中,无论是中金所的董事会成员,还是总经理、副总经理等高管,都处于证监会的控制和干预之下。其中,交易所的总经理与副总经理的选举和任命均由证监会事先提名和直接任免,[②]并且证监会也对中金所的相关职责作了直接的指示和界定。这在某种程度上既模糊了中金所和证监会不同监管职责的边界,也弱化了交易所固有的一线监管职能,使之成为证监会的一个附属物和陪衬物,缺乏应有的独立性。结果,目前我国中金所对期货市场的一线监管功能更多体现为合规层面上的形式审查和相关的服务,诸如提供交易的场所、设施和服务,设计合约,安排合约上市与组织并监督交易、结算和交割、为期货交易提供集中履约担保等。[③]

---

① 参见《期货交易管理条例》第 47 条之规定。

② 黄永庆、王超:《股指期货法律法规选编》,法律出版社 2010 年版,第 228~229 页。

③ 参见《期货交易管理条例》第 10 条。

股指期货和股票现货跨市场交易监管研究

厦门大学法学院经济法学文库

最后,与中金所类似,囿于证监会的直接控制,期货业协会对股指期货的自律监管权力也是相当有限。第一,期货业协会制定自律规则、执业标准和业务规范,对会员及其从业人员进行自律管理的职责须经证监会厘定和赋予。这种畸形的授权机制导致期货业协会对证监会的过分依赖,更无独立性可言。第二,历届期货业协会主要领导如会长或副会长仍由证监会提名,[①]有的甚至由退居二线的证监会领导直接兼任。如此必导致期货业协会的自律监管与证监会行政监管职能相互混淆。结果,实践中,我国期货业协会更多的是担当一般的信息中介和传导职能。衡诸《期货交易管理条例》的相应规定,这些职能主要表现为:教育和组织会员遵守期货法律法规和政策、负责期货从业人员资格的认定、管理以及撤销工作、制定期货行业准则和技术标准、组织期货从业人员的业务培训,开展会员间的业务交流等,[②]而涉及期货业协会自律监管实质性规定的只有"对违反规则的会员进行纪律处分"这一款。然而,迄今为止,我国期货业协会内部并没有建立起专门的期货纠纷调解部门和相应的纠纷调解程序,该款规定实际形同虚设。

可见,证监会对期货市场这种事无巨细的"家长式"管理替代了许多本应由自律性组织所做的工作以及应由市场自身决定的事情。因此,尽管我国期货市场形式上有三级监管机构,但实质上证监会的权力过于广泛,而期货业协会和中金所的监管权力明显不足。证监会过于集权导致行业协会和中金所的监管作用无法充分发挥出来,它们三者之间难以形成有效的联动和相互补充。加之证监会的监管资源有限,没有足够的物力和人员配备实施广泛的检查,结果往往有一部分违法主体成了漏网之鱼。简言之,这种监管权力的错配既导致证监会行政监管力量的膨胀,又压制了自律监管的后天成长,极大地制约了我国跨市场监管有效性的发挥。

3."五方"监管协作协议的效力不强

前已述及,2007 年 8 月 13 日,上交所、深交所、中金所、中登公司和监控中心在内的"五方"共同签署了股票市场和股指期货市场跨市场监管协作系列协议,具体包括《跨市场监管备忘录》与《跨市场监管信息交换操作规程》《跨市场监管反操纵操作规程》《跨市场监管突发事件应急预案》三个操作规程。这

---

① 从实际运行来看,中国证监会提名的会长或副会长大多都来自于退居二线的原中国证监会的领导。

② 参见《期货交易管理条例》第 46 条。

些协议的主要内容虽涉及信息交换机制、风险预警机制、共同风险控制机制和联合调查机制的构建,并要求各方以"职责明确、分工协作、信息畅通、机制健全、讲求实效"为原则展开跨市场联合监管协作。然而,这种框架性的跨市场监管协作更多的是这五方机构间的"君子协定",或充其量是属于"软法"性文件,离真正意义上的法律文件还有很大的距离。这种差距不仅体现在协议内容方面流于粗泛,协作各方的法律责任阙如,操作随意性大,而且主体忽略或排斥了证监会(作为政府监管主体)与期货业协会或证券业协会(作为自律监管主体)两级监管机构的作用。易言之,"软法"性质的"五方协作协议"缺乏"法律层面"的"硬性约束",法律效力有待各方的承认和支持,从而注定其并无法从底子里解决跨市场的风险监管问题。

4. 跨境联合监管缺乏可操作性

股指期货的复杂性使其交易很容易受到外部市场因素的影响,市场的参与者也很容易通过离岸市场规避本国法律的监管和约束。而当前,我国期货市场的国际化刚刚进入有限的直接开放阶段,这使得我国期货市场面临着诸多来自境外成熟的中国系股指期货产品的挤压。[①] 这是因为抢先推出我国股指期货产品的某些境外交易所,不仅会凭借其先动优势影响我国股指的变化乃至掌握我国股指价格的定价权,而且会变相吸引我国国内资金非法外流。而一旦国内股指市场被境外的衍生产品市场挤入边缘化的境地,国内投资者就会通过境外的中国系股指期货产品进行风险管理,从而不仅导致我国股票现货与股指期货市场的过度分割,而且还会使境外股指期货市场操纵行为的负面影响波及国内市场。而与之不相称的是,我国的证券监管合作一直停留在总括性条款阶段。如《证券法》第 179 条规定"国务院证券监督管理机构可以和其他国家或者地区的证券监督管理机构建立监督管理合作机制,实施跨境监督管理"。2004 年 6 月 28 日颁发的《银监会、证监会、保监会在金融监管方面分工合作的备忘录》第 12 条也仅要求三会密切合作,就重大监管事项和

---

① 所谓"中国系股指期货产品"是指境外期货交易所为满足中国国内投资者以及合格境外机构投资者(QFII)的需求所推出的,以中国内地 A 股上市公司为成分股的实时可交易指数。这种指数产品在境外交易所挂牌上市,通过电子交易平台(SGXQUEST)进行,以美元标价进行交易结算。典型的如新加坡期货交易所推出的新华富时中国 A50 指数。该产品包含了中国 A 股市场市值最大的 50 家公司,其总市值占 A 股总市值的 33%,是最能代表中国 A 股市场的指数,许多国际投资者把这一指数看作是衡量中国市场的精确指标。

跨行业、跨境监管中复杂问题进行磋商,建立定期信息交流制度,并无其他关于国际证券监管合作与协调的具体实体法规定,缺乏可操作性。因此,我国需要通过不同主体和多样的形式进行协调与合作,建立针对股指期货交易的跨境联合监管机制,遏制国际炒家利用流入我国境内的热钱联合国外的股指期货产品恶意操纵我国的股指市场。

5.缺乏权威的期货基本法,跨市场监管依据仍以行政法规和部门规章为主

期货基本法是确立期货交易的基本原则、基本制度以及期货交易主体组织的根本法。从美国的立法实践就可以看出,一部基本法律的实施,对于期货市场发展的促进作用是巨大的。因此,成熟的期货市场,应该形成以《期货交易法》为核心和基础,以国务院行政法规和中国证监会行政规章相配套,以中金所和期货业协会自律管理规则为基础的三级期货法律体系。然而迄今为止,我国尚缺乏一部能统领期货行政法规、部门规章、自律管理规则、司法解释等完整的期货法律。而现有的《期货交易管理条例》存在效力位阶过低,缺乏配套的实施细则的问题。可以设想,作为一个利益矛盾明显集中的市场,若没有法律约束,仅靠规则、法规运行的市场制度,只能靠监管部门出台政策和规则,就等于一座不断增高的大厦没有坚实的地基一样,随时都有倒塌的风险。[①]

(二)微观法律监管的缺陷与不足

1.缺乏期货登记制度

交易登记是控制资本市场系统性风险的关键阀门,这对跨市场交易而言尤甚。然而,我国资本市场在主体方面一直存在登记制度缺位的问题。现行的中国证券登记结算公司没有亲自履行开户登记义务,而是把相关业务委托给证券、期货公司代理。这样,投资者开户或进行证券登记只能通过证券、期货公司,如此将不可避免地导致如下的弊端:(1)证券期货公司不可能尽职尽责地认真审核开户人的相关资料;(2)在当前证券间接持有模式下,证券期货公司成为名义上的交易主体,证券登记机构只有义务向名义持有人提供查询义务,而没有义务向作为间接持有人提供查询义务;(3)投资者除了向证券、期货公司查阅交易记录和持仓的情况外别无他途。因此,如果不建立登记制度,

---

① 杨宏芹:《我国股指期货立法缺陷及法律完善》,载 2008 年《中国法学会证券法学研究会成立大会论文集》(下),第 750 页。

后面的实际权利人根本无从知晓,查询系统固有的防止投资者资产不被他人盗买和挪用的监督功能无从发挥,从而容易引发证券期货公司肆意侵害客户利益的不当行为,为我国资本市场系统性风险的爆发留下一大隐患。

2. 缺乏对"盘中追保"与"盘中强平"的约束

《中金所结算细则》第48条规定,交易所可以根据市场风险状况,在交易过程中向风险较大的结算会员发出追加保证金的通知,并可以通过期货保证金存款银行从结算会员专用资金账户中扣划。若未能全额扣款成功,结算会员应当根据交易所的要求在规定时间内补足保证金。结算会员未能按时补足的,交易所有权对其采取限制开仓、强行平仓等风险控制措施。这就是期货业界所熟悉的"盘中追保"和"盘中强平"。然而,这一规定至今为人诟病,其因在于缺乏必要的操作程序(如是否需要通知,通知方式、时限和追保标准等),导致中金所的"扣划款项"和"限制开仓、强行平仓"措施的使用随意性大,结算会员的合法权益容易遭到侵犯。

3. 高频交易监管滞后

一般认为,高频交易是伴随着金融投资市场的"量化"概念和"做空机制"的产生而产生的。可我国自股指期货市场推出以来,机构中通过高频交易在期货和现货两市中开展跨市场交易以获取瞬间收益和避免损失的方式有增无减。然而,高频交易高科技外衣的背后却隐藏着不安全和不公平交易的威胁,其最大的特点是助涨助跌,容易形成"羊群效应"[①],加剧市场的恐慌情绪。

---

① "羊群效应"主要是指投资者在交易过程中存在学习与模仿现象,容易根据其他投资者的行为而改变自己的行为,做出不理性的交易。具体到跨市场交易中,更多的是说明由于跨市场的联动,套利者买进卖出不同的金融工具,导致各个金融市场在极短时间内出现螺旋式下跌的现象。

2013 年 8 月 16 日,我国就发生了震动整个证券市场的光大证券异常交易事件。① 经查,该事件的主要原因在于,光大证券的策略投资部长期使用的高频交易系统没有纳入公司的风险控制体系,技术系统和交易控制缺乏有效管理。② 订单生成系统中 ETF 套利模块的设计由策略投资部交易员提出需求,程序员一人开发和测试。策略交易系统于 2013 年 6 月至 7 月开发完成,7 月 29 日实盘运行,至 8 月 16 日发生异常时实际运行不足 15 个交易日。由于"重下"功能从未实盘启用,严重的程序错误未被发现。由此可见,高频交易在我国应用的历史虽然很短③,但作为一项年轻的舶来品和对传统交易手段的一种技术创新,目前我国既有的各级证券法律制度在此方面的规范一直较为薄弱,特别是在错误交易处置方面至今仍存在空白。

4. 熔断制度付诸阙如

股票市场与股指期货市场高度相关、交互作用,各自运行情况对另一市场的影响极大。实证研究显示,涨跌幅限制措施降低了股票市场价格发现效率,并产生流动性干扰和涨跌停后的助涨助跌效应。作为期指基础的股市出现这些问题,将使期指"非自足性"运行的合理性产生动摇,期指定价不当将通过交易的杠杆度高速引发市场风险。显然,现行的股市涨跌幅限制制度对将来的

---

① 该事件的详情为:2013 年 8 月 16 日,光大证券策略投资部使用的套利策略系统出现问题,订单生成系统在 11 时 05 分 08 秒之后的 2 秒内,瞬间生成 26082 笔预期外的市价委托订单,订单执行系统未能对可用资金额度进行有效的校验控制,使得这些巨量订单被直接发送至交易所,A 股被突然拉升。与此同时,这种异常交易数据触发了其他券商和金融机构的高频交易系统,展开追随交易。短短几分钟内,上证指数上涨超过百点,从跌近 1% 拉升到涨近 3.5%。石油、银行、券商等蓝筹股集体异动,总共 71 只个股瞬间触及涨停,而后又集体回落,至收盘,上证指数收跌 0.64%。光大证券在异常交易事件发生后、信息依法披露前又利用高频交易机制进行短期套利,即转换并卖出 180 ETF 基金 2.63 亿份、50 ETF 基金 6.89 亿份,获利 1307 万元;卖空股指期货合约 IF 1309、IF 1312 股指期货合约共 6240 张,获利 7414 万元,两项交易非法获利和避损合计 8721 万元。

② 光大证券策略投资部自营业务使用的高频交易系统,包括订单生成系统和订单执行系统两个部分,均存在严重的程序设计错误。其中,订单生成系统中 ETF 套利模块的"重下"功能(用于未成交股票的重新申报),在设计时错误地将"买入个股函数"写成"买入 ETF 一篮子股票函数",订单执行系统错误地将市价委托订单的股票买入价格默认为"0",系统对市价委托订单是否超出账户授信额度不能进行正确校验。

③ 因为我国证券市场直到 2009 年和 2010 年才分别引入"量化"概念和"做空机制",因此,高频交易在我国存续的时间也就是近 5 年内的事。相关内容请参见徐新喆、杨朝军:《证券市场高频交易与流动性监管》,载《上海金融》2013 年第 8 期。

股指期货交易、跨市交易均会构成较为严重的障碍。而与涨跌幅限制制度不同的是，熔断制度具有冷却市场的作用。管理层通过使用熔断制度，可以使市场上的投资者、套利者暂时停止投机、套利行为，以达到稳定市场的作用。虽然沪深股市有10％的涨跌停板制度，但在10％幅度内瞬间的波动，还是会给投资者造成很大的损失，同时由于股指期货市场的杠杆效应，股市10％的波动足以造成衍生市场巨大动荡，不少投资者可能因此血本无归。我国也应该学习美国，建立起类似的"熔断机制"（circuit breaker），给交易设置一个范围，超出界限就阻止交易或延迟交易，从而降低因乌龙指引发的系列频繁交易导致市场崩溃的风险。[1] 同时，这种熔断机制亦可以让投资者在价格波动剧烈时，有一段时间的冷静期，抑制市场非理性过度波动，以便在熔断期间让交易所有足够的时间采取一定措施控制市场风险。

5. 跨市场操纵监管亟待加强

虽然我国证券市场与期货市场都属于证监会统一监管，但两市的部分法规和交易制度仍存在差异。其中有些差异是因为市场的不同特点导致的，因而可能会助长跨市场操纵与内幕交易行为。[2]不过，如果仔细分析证监会已作的行政处罚公告内容，我们就可以发现我国证监会目前对股票市场操纵行为的监管和处罚整体存在着滞后性。这种滞后性包含两个方面：一是相对监管的及时性来讲，时间上的滞后，大部分案件的调查和处罚都是在操纵行为实施后很长一段时间才开始，并且有些监管行动是相对被动的；二是调查和处罚大部分发生在造成了巨大市场影响和对投资者造成巨大经济损害之后，没有发挥专业的日常监管作用，在造成巨大影响之前采取行动。另外，我国对股票市场操纵行为的行政处罚力度偏弱。目前我国对市场操纵行为的处罚基本上以

---

① 张培培：《从光大"乌龙指"事件看高频交易监管》，载《金融发展研究》2013 年第 10 期。

② 我国沪深 300 股指期货合约推出之际，业内就有不少专家断言股指期货不可操纵，甚至认为操纵股指期货是"痴人说梦"。事实上，任何市场，只要利益足够大，就会有人意图操纵，只不过股指期货操纵。如 2010 年 6 月 9 日午后，沪指一度探向 2500 点，在中信银行直线涨停的带动下，金融股整体启动，沪指一路飙涨。沪深 300 当日收报 2782.1 点，上升 82.79 点。股指期货主力 IF1006 合约午后一度冲高至 2800 点之上。截至收盘，IF1006 收报 2788.8 点，较前一日结算价上涨 89.4 点，日增仓 214 手。事后，业内一片哗然，普遍认为这是游资典型的跨市场操纵行为的表现，即游资联合起来在现货市场拉升中信银行股价，带动金融股"涨声四起"，进而在期货市场撬动沪深 300 指数，利用股指期货 T ＋0 与现货 T＋1 的交易差异，一日内先后在股指期货市场做多和做空，两头受益。

罚款为主,即使案情十分严重,造假手段非常恶劣,也基本上以罚款为主,鲜有冻结或查封操纵行为人的资金账户与证券账户,更遑论有移送司法机关处理的。而即使采用罚款,其金额普遍较低,与一般市场操纵行为动辄就获利上百万相比极不相称。[1]

6. 跨市程序化交易账户管理尚未到位

我国《期货交易管理条例》第 30 条规定:期货公司应当为每一个客户单独开立专门账户、设置交易编码,不得混淆交易;《期货交易所管理办法》第 79 条规定,期货交易实行客户交易编码制度。会员和客户应当遵守"一户一码"制度、不得混淆交易。《中金所交易细则》则专门设置第六章对"交易编码"的概念及申请程序作了规定。综合这些规定,我们不难发现我国的跨市场交易是在中金所→结算会员→客户、中金所→结算会员→交易会员→客户之间的分级交易。其结算体系中,实行会员与客户"一户一码"制度,会员与客户分别使用独立的交易编码从事期货交易。然而,在同一基金公司旗下不同基金、同一券商旗下自营业务和资产管理业务同时实施跨市场交易的情形下,交易所将难以从该编码项下众多混合交易中甄别出专属于某种程序化交易的期货头寸,更难以追踪到与该期货头寸相匹配的现货头寸,由此导致交易所对跨市场交易的监管能力将难以有效发挥。

7. 投资者适当性的规定出现偏离

投资者适当性制度是维系投资者对金融市场的信心所在,对金融体系的稳定意义重大。2012 年 2 月 8 日证监会发布《关于建立股指期货投资者适当性制度的规定(试行)》,同时,中金所也发布了《股指期货投资者适当性制度实施办法(试行)》和《股指期货投资者适当性制度操作指引(试行)》,这些文件以了解客户和分类管理为核心,围绕投资者的资金门槛、知识门槛、经验门槛设定了股指期货投资者适当性监管的框架性制度。然而,衡诸这些文件的内容,这些立法均无一强调投资者应当遵守"买卖自负"的原则,承担股指期货交易的履约责任,不得以不符合投资者适当性标准为由拒绝承担股指期货交易的履约责任。[2]而从境外成熟的投资者适当性立法可以看出,其强调的是经纪商必须为其推荐不符合投资者适当性标准的证券或服务而承担法律责任。而我

---

① 陈斌彬:《我国证券市场法律监管的多维透析》,合肥工业大学出版社 2012 年版,第 122~123 页。

② 参见《关于建立股指期货投资者适当性制度的规定(试行)》第 9 条和《股指期货投资者适当性制度实施办法(试行)》第 17 条的规定。

国这种过分强调"买卖自负"的原则无疑是对资者适当性制度本意的违背。易言之,在我国,期货公司没有为投资者做出适当性决定的义务,交易适当性决定由投资者自己做出,期货公司无须承担任何义务。

第二节　宏观审慎视域下的我国跨市场交易监管的法律建构

一、明确我国金融业宏观审慎的监管主体

　　由于宏观审慎要求其主管部门必须能够宏观地把握全局,协调各部门的共同发展并及时处理单个机构或部门中出现的问题,从而保证整个行业的安全与稳健发展,故其与中央银行的三大基本职能,即发行的银行、银行的银行和政府的银行具有天生的内在关联,在本质上具有归属于中央银行的特性。这使得由中央银行担当宏观审慎监管主体成为各国在此次金融监管改革中的不二选择。就我国而言,在现行的"一行三会"监管格局中,相比银监会、证监会和保监会,人民银行在宏观把握经济趋势和控制市场风险上更具优势。是故,为弥补系统性风险监管的缺失,笔者建议我国在立法上完全可以明确人民银行作为宏观审慎监管者的主体地位,授予其享有收集各种监管信息、开发各种宏观审慎监管工具、制定各种宏观审慎监管规则,防范与处置整个金融市场风险等方面的监管职权。当然,为确保人民银行在实施宏观审慎监管中能得到其他微观审慎监管部门的配合与支持,我国也应进一步优化当前的四方监管联席机制,关键是要赋予人民银行作为监管协调牵头部门的权限与职责。如果时机成熟,我国未来也可以借鉴美国等设立专门性监管协作机构的办法,即在《中国人民银行法》相关规定的基础上,[①]由国务院出台《金融监管协作条例》的形式,组建类似美国 FSOC 实体化、法治化的常设机构,专门负责督导金融监管协作工作,以从源头上扭转当前我国"一行三会"间级别平等、互不

---

① 《中国人民银行法》第9条规定:"国务院建立金融监督管理协调机制,具体办法由国务院规定。"

买账和各自为政的尴尬局面。

二、厘定政府监管与自律监管的边界

一个富有效率与效果的证券监管自始至终应是政府监管与自律监管的有机结合。政府监管与自律监管各自的良劣决定了这两者之间在本质上是一种相互依赖与相互补充的辩证关系。[①] 虽然各国的侧重点有所不同，但是市场规范的主导价值定位决定了在我国这样一个新兴证券市场，政府必须在行政监管与自律监管之间寻求最佳的契合点，妥善处理好两者之间的边界关系。是故，"如何在法律的框架下协调好政府监管与自律监管之间的关系，避免走场作秀"理应是我国未来跨市场交易监管重构的首要问题。而此问题的解决舍其双方的机构监管职能的改革并无他径。依笔者愚见，就证监会而言，当前可从两个维度为之：一是从横向上缩小证监会的行政监管张力，主动削减或下放手中的行政审批项目，以将其他本应由自律监管机构实施的非实质性监管职权归还给交易所或证券业协会，[②]以使行政监管权的作用范围尽可能集中在证券垄断、信息不对称、外部不经济与过度投机、公共物品市场供给缺少激励这四个市场失灵领域；二是从纵向上增强对证监会实质性监管权力的授权，

[①] 黎四奇：《对我国证券监管理念的批判与反思——一个监管者角色定位的问题》，载漆多俊主编《经济法论丛》，2009 年第 2 期，中国方正出版社 2009 年版。

[②] 事实上，近年来，证监会已正着手进行此项工作。如 2002 年 12 月 21 日，证监会根据 2002 年 11 月 1 日《国务院关于取消第一批行政审批项目的决定》（国发［2002］24 号）的要求，发布了《中国证券监督管理委员会关于第一批取消行政审批项目的通告》，取消了 31 项行政许可项目。又如 2003 年 4 月 1 日，证监会根据 2003 年 2 月 27 日《国务院关于取消第二批行政审批项目和变更一批行政审批项目管理方式的决定》（国发［2003］5 号）的要求，发布了《关于做好第二批行政审批项目取消及部分行政审批项目改变管理方式后的后续监管和衔接工作的通知》，取消和变更了 41 项行政许可项目。再如，2004 年 6 月 22 日，证监会根据 2004 年 5 月 19 日国务院发布的《关于第三批行政取消和调整行政审批项目的决定》（国发［2004］16 号）的要求，发布了《中国证券监督管理委员会关于第三批取消行政审批项目的通告》，取消了 38 项行政许可项目。此后，证监会手中的行政审批项目又经过多次取消和调整。据统计，截至 2009 年，我国证监会手中掌握的资本市场行政许可项目被取消和调整的共计 128 项，超过原先项目总数的 2/3，各方面工作不断得以进步。相关内容参见吴国舫：《资本市场的宪政之维论纲》，载张育军、徐明主编《证券法苑》2010 年第三卷（下），法律出版社 2010 年版，第 631 页。

逐步将其改造成类似美国 SEC 真正意义上的独立监管机构,增强其预防和查处证券违法违规行为发生的能力。而就自律监管机构而言,当务之急要做的也是要增强证券交易所与证券业协会自身的独立性,从根本上切断两者与证监会或隐或明的人事依赖关系,还原其作为民间会员组织的本质,使之能在上述四个市场失灵之外的领域,充分发挥"排头兵"的一线监管作用,具体对策表现为以下几个方面。

(一)完善中金所内部治理结构

一方面,明确中金所的监管地位。《期货交易管理条例》规定了期货交易所拥有制定违规处理办法和在业务规则范围内查处违规行为的自律监管权。但是,为了体现社会公正,国家必须对这种权力予以干预,而不能完全听任当事人的意思自治,否则有可能造成对他人财产权利的不当干涉。如中金所出台《违规违约处理办法》赋予自身具有罚款和没收非法所得的权力明显违反了其上位法即《行政处罚法》的相关规定,[①]应该予以纠正。另一方面,政府应该赋予中金所在另外领域更大的监管权。基于目前中金所组织机构不健全、权责分工不合理的状况,可以在规范监事会成员产生办法的基础上,充分发挥中金所监事会的监督作用;同时,扩大中金所会员大会的权力,由会员大会选举产生不受限制的理事会和总经理,使其真正成为中金所的最高权力机构。总之,政府应通过以上改进措施,实现中金所内部权力机构、行政机构和监督机构三者职责分明、互相制约的内部治理结构。

(二)强化中金所的一线监管职能

首先,进一步完善中金所的风险管理机制。其主要包括市场准入制度、保证金制度、每日无负债结算制度、价格限制制度、持仓限额制度、大户报告制度、交割制度、强行平仓制度、风险准备金制度、信息披露制度、风险分析报告和提示制度等。其次,建立实时风险预警系统,构建完备的风险监管制度。我国商品期货市场经过几年的实践,已经摸索出一套适合我国商品期货市场发展的实时风险监测预警系统。对于我国股指期货市场而言,可以借鉴商品期货试点取得的成果,建立相应的实时风险预警系统。风险预警系统包括指标体系和统计查询体系。此外,必须建立针对国际游资的实时监控和防范预警制度。当允许国际资本进入股指期货市场时,要建立一套行之有效的防范预

---

① 参见中金所《违规违约处理办法》第 19 条。

警措施，防止其恶意冲击股指期货市场和股票市场。① 再次，建立证券交易风险基金。证券交易风险基金是指期货交易所从其收取的交易费用和会员费、席位费中提取一定比例的金额并由中金所理事会管理的风险基金。风险基金必须存入开户银行的专门账户中去，不得擅自使用。最后，赋予中金所交易规则的法律效力。迄今为止，我国并没有正面对期货交易所规则的法律效力作出明确规定。② 从我国目前期货立法的现状及司法实践看，确立包括中金所在内的期货交易所规则在审理期货纠纷案件中的地位，有利于案件的公正处理，有利于对期货交易进行监管和期货市场的有序运作。当然，在确立交易所规则法律效力的同时，应强调对其合法性审查。即若期货交易所规则按合法程序产生，报证监会审查批准即为合法有效。建议将"处理期货纠纷案件，应当参照期货交易所的交易规则和实施细则"的条款写入未来的《期货法》，以强化中金所的一线监管职能的法定性。

(三)增强期货业协会日常监管中的传导性与服务性

为了合理搭建金融期货行业自律监管的构架，建议赋予期货业协会更大的权限：首先，对会员进行财务监察和业务监察。通过审计、监督会员的资本额、财务及一般规则的执行情况，以防止会员徇私舞弊或资金不足损害投资者利益。③ 其次，期货业协会缺乏可行的行业自律规则，行业道德管理也没有相应的有效惩戒措施。政府监管部门可以考虑授予期货业协会较大的违规违纪惩治权以维护行业整体利益。一言以蔽之，以法律形式确认协会的法律地位，赋予其制定运作规范与规则、监管市场、执行市场规则的权力。④ 最后，协会与中金所应就自律监管建立协调关系。协会可以与中金所明确自律监管运作规范与规则，建立联席会议制度以加强监管信息的沟通和交流，合作开展会员

---

① 杨运杰：《我国股指期货风险管理研究》，载《宏观经济管理》2007年第6期。

② 2003年6月最高人民法院公布的《关于审理期货纠纷案件若干问题的规定》第1条明确其法律依据为"根据《民法通则》《合同法》《民事诉讼法》等有关法律、行政法规的规定"，没有把期货交易所规则作为适用依据。第2条又指出只要当事人约定不违反法律、行政法规强制性规定就可按合同约定处理，没有提及规章及交易所规则，使得规章和交易所规则的效力受到质疑。

③ 美国期货业协会对会员最低财务保证金、早期预警成本、期货经纪商与经纪商代理人的财务规模、杠杆交易商的财务报告以及执行保证金都作了详细的规定。参见刘志超：《境外期货交易》，中国财政经济出版社2005年版，第256页。

④ 吴坚、胡茂刚：《中国期货市场发展与期货法制创新》，载《财经科学》2002年第3期。

培训和市场调研工作。^① 推动期货公司内部风险控制、培育市场中介机构、行业自律文化等建设。在协会会费收取方面,中金所应该大力支持协会工作,按照协会章程缴纳特别会员会费。交易所支持协会的工作能够拓展自律监管职能更大的空间。

三、建构多层次的期货市场监管法规

完备的期货规范体系应该包括期货基本法和期货监管法。一方面,应尽快着手制定期货基本法,以维护期货市场法律的稳定性。^② 立法之前要深入了解和研究我国证券市场的现状,以防止出现过多临时政策和行政干预,从而损害市场规则的严肃性和权威性。在法律上要明确证监会、中金所和期货业协会的职责分工,确保交易所内外部管理制度的严格执行;证监会应把归属于期货交易所的职权下放,保证中国金融期货交易所具有名副其实的会员制形式;明确出现违规违纪行为所应承担的法律责任,统一低层次规范性文件的法律规定,为股指期货执法工作创造条件;落实期货市场法制中的特质性问题及其与相关基础民商事法律的协调问题,期货市场整体风险分担的公平、合理问题,对期货交易所的产权归属,期货公司的经营范围狭窄,担负的"强行平仓义务"及客户穿仓后的资产追索权利不对等等问题。另一方面,修改《证券投资基金法》,扩大公募基金的投资范围,充分发挥公募资金的优势;强化期货交易所、期货经纪商、商品交易顾问、商品合资经理、期货交易诉讼等制度的规定,进一步完善现行各层次的期货监管法。

四、提升现有的"五方"监管协作效力

为保障跨市场交易的顺利进行,除了需要建设上述配套的法律、法规制度之外,尚需借鉴国际惯例,建立对金融期货进行有效管理的协作机制。前已述及,为加强股票市场和股指期货市场的联动监管,防范和化解开展股指期货交易后可能出现的跨市场风险,我国在参考国际成熟经验并结合我国证券、期货

---

① 彭真明:《期货市场监管体制研究》,载《华中师范大学学报(哲学社会科学版)》1997年第9期。

② 从2006年3月起,全国人大财经委就开始负责起草《中华人民共和国期货交易法》工作。

市场实际情况的基础上,建立股票市场和股指期货市场跨市场监管协作制度,为实行跨市场监管协作提供了必要的法律支持。此次由上交所、深交所、中金所、登记公司和监控中心五家机构签署的协议包括:《股票市场与股指期货市场跨市场监管备忘录》以及《股票市场与股指期货市场跨市场监管信息交换操作规程》《股票市场与股指期货市场跨市场监管反操纵操作规程》《股票市场与股指期货市场跨市场监管突发事件应急预案》三个具体操作规程。作为跨市场监管协作制度的具体落实,此次由五方共同签署的"1+3"监管协议对防范和化解可能出现的跨市场风险,保证股票市场和股指期货市场的安全运行和健康发展有着积极的作用。这是因为这些机构直接服务和作用于跨市场交易的各个环节,是最为基层的管理机构,它们可能不具备强有力的干涉能力,但其所扮演的确保跨市场交易顺利完成的特殊角色却能够对参与跨市场交易的当事人发挥明显的影响作用,使投资者的市场行为受到有效的约束和规范。以深交所为例,根据其与中金所之间签订的《跨市场监管信息交换备忘录》,通过常规信息交换和定向信息交换,深交所可以在交易日后及时跟踪、评估机构投资者股指期货合约交易及持仓情况对深市的影响,可以定期掌握机构投资者在期市上的违规违约行为,还可以查询可疑机构投资者在特定时间段对股指期货合约的委托明细、委托汇总、成交明细、成交汇总、持仓明细数据,在排查机构投资者跨市操纵的基础上,强化跨市交易策略监管,敦促其在深市与中金所的交易行为与事先上报的交易策略保持一致。在实际监察工作中,可分解为受监管对象监察与受监管股票监察,前者系为"普查",即对跨市机构的股票账户交易情况和持仓情况进行持续监控,掌握异动情况;后者系为"倒查",即监控沪深 300 指数权重较大的股票交易情况,追踪出该交易异常的股票账户。

然而,虽然上述这些监管协作协议是在中国证监会统一部署和协调下进行的,但其并没有对"五方"在监管协作中的分工责任作出明确厘定。而且,尽管证监内设了发行、市场、机构、上市公司、基金与期货 6 大监管部门,但由于跨市场交易的业务触及股票现货和股指期货,故仔细比照这 6 大监管部门特别是期货监管部门的职责范围，[①]我们会发现其现有的监管职权根本没有能力承担跨市场交易的监管任务。因此，当务之急，证监会应尽快成立专门应对金融衍生品期货的新的监管部门，并由该部门代表证监会成立跨市场监管领导小组以监督"五方"监管协作协议的执行。当然，证监会也应通过规章的形式对"五方"在监管协作中的不作为责任形式作出规定，以增强"五方"协作协议的法律约束力，协调和督促"五方"严格按照协议的具体要求，积极进行监管协作。

五、推进和增强跨境联合监管

2008 年金融危机的爆发表明，国家单边采取措施显然已经不适应形势的需要，迫切需要国家间监管力量的联动性不断增强。国际社会对各国监管者之间关于统一监管标准、信息共享等方面的国际合作和协调的发展以及谅解备忘录在跨境监管中的作用，有了更深刻的认识。众多的国际金融集团的业务已经完全国际化，但金融监管却基本停留在国家层面。缺失的跨境合作和有效率信息交流的不足，导致监管方长期无法识别和防范金融领域的风险累积。这些协调的缺失也和监管部门的不确定性存在关联性，即哪些监管部门应该获得哪些权限还不甚明确。正是这些因素促使金融领域的跨境经营者强烈呼吁建立国际化的、统一的监管机制。[②]有关股指期货的跨境联合监管机制的构建亦不例外。[③] 这种跨境联合监管除了完善常规条件下的信息共享、联

① 如根据中国证监会官方网站显示：期货监管部的职能为：负责期货市场总体规划、产品创新、市场监管、市场信息统计分析、法规制度建设、市场对外开放以及期货行业技术安全与进步等工作，包括拟订期货市场监管的规则、实施细则；审核期货交易所的设立及章程、业务规则，并监管其业务活动；审核上市期货产品及合约；跟踪分析境内外期货交易行情；监管期货交易、结算、交割及其相关活动；研究境内外期货市场；监管境内期货市场信息传播活动；审核商业银行从事保证金存管业务的资格并监管其相关业务活动；监管期货保证金安全存管监控机构。

② Rüdiger von Rosen：《后危机时期主要金融市场监管改革述评》，中国证监会与德国技术合作公司合作研究课题报告，2010 年 6 月 30 日，第 47 页。

③ 从监管主体的角度看，股指期货跨境联合监管包括：证券监管部门之间的国际合作，证券监管部门和司法机关等其他相关部门之间的国际合作，证券监管部门与境外证券交易所之间的合作，以及证券交易所之间的合作。囿于篇幅，本文讨论的主要是证券监管部门之间的跨境联合监管。

合调查与相互协助取证情形之外,还要有危机条件下的变通机制,即针对世界经济中出现的突发的、后果特别严重的事件,各国可以进行共同的相机协调以防止内生于一国的跨市场交易风险蔓延,演化成全球金融危机。这些机制包括:(1)危机预警与动态检测机制,即在信息共享的基础上进行联合检测,将当前具有的潜在风险事件一一列举并加以识别,并针对其可能的后果设计应对危机的管理预案。(2)危机应对预案的事先协调机制,即在总结历史经验与专家分析的基础上,制定出不同危机条件下的应急管理预案,以在危机爆发时紧迫的时间压力下采取正确的应对措施。(3)危机状态下的相机协商机制。(4)危机后的独立调查评估机制,即由跨境监管机构共同组织联合对危机发生的全过程进行全面调查,分析应对措施的效果和检查原定危机管理预案的疏漏。[①]

第三节　微观审慎视域下的我国跨市场交易监管的法律建构

一、推行跨市场交易登记

根据《证券法》第155条和第158条的规定,我国现行的证券登记和存管实行的是集中登记与存管和登记机构、存管机构一体化的模式。[②] 因此,未来我国在构建跨市场交易登记制度时应在尊重既有的中登公司及其已有制度的基础上从以下几个方面推进:一是把信息披露制度、查询制度和登记制度结合起来,形成三位一体的跨市场交易登记制度。这对防范市场风险,实现股指期货登记制度的基本功能,具有重要作用。二是建立相对独立、专有所属的登记

---

① 参见王雪莹、张维、熊熊:《股指期货跨境联合监管模式分析》,载《投资研究》2008年第9期。

② 《证券法》第155条规定:证券登记结算机构是为证券交易提供集中登记、存管与结算服务,不以营利为目的的法人;第158条规定:证券登记结算采取全国集中统一的运营方式。证券登记结算机构章程、业务规则应当依法制定,并经国务院证券监督管理机构批准。

分公司负责股指期货登记。在中登公司中建立金融期货交易登记分公司,以确保跨市场交易登记的专业性和安全性。① 三是明确股指期货等级的内容。根据跨市场交易的种类,等级内容主要包括投资人及其基本资料、投资者与期货公司之间的信托合同以及投资者、期货公司的资金量等内容。四是区分直接持有模式的登记规则和间接持有模式的登记规则,并且要严格规定在间接持有模式下必须登记。具体到跨市场登记的具体规则,就是要求股指期货结算会员必须在中登公司备案。这既是投资者查询的基础,也是结算担保交收责任制度实现的保障。

二、弥补交易法规之漏洞

1. 明确盘中追保和盘中强平的效力

如前所述,尽管《中金所结算细则》第 48 条规定了盘中追保和盘中强平,但缺乏可操作性。笔者认为,可以借鉴普通追保和普通强平的相关规定,设定盘中追保和盘中强平的通知方式、时限、追保标准、盘中强平的具体措施,并注意如下的操作要点:(1)盘中追保的触发机制应限定在宏观事件冲击引致市场异常波动的情形,或者结算会员发生财务风险或资本充足水平低于法定标准的情形。(2)中金所结算部进行盘中试结算。以最新市场价格作为试结算价,对所有结算会员进行试结算,导出相关资金及持仓报表。如发现结算会员结算准备金小于零,结算部将在履行适当的通知义务后,通过期货资金管理系统从结算会员的专用资金账户中进行保证金扣划。(3)如果足额划款成功,结算部将以书面方式向结算会员发出已扣划保证金通知;如果不能足额扣划成功,结算部则再次通知结算会员,要求结算会员在规定时间内(通常为 1 小时)补足保证金。(4)在规定时间之后,结算会员没有按照要求补足保证金,结算部再次启动盘中试结算,导出相关资金及持仓报表。若该结算会员试结算后结算准备金大于零,则取消追保的要求。若结算准备金仍小于零,则立即启动限制开仓或强行平仓等进一步的风险控制措施。(5)中金所在对该结算会员实施强制措施前,应充分运用盘中限制开仓、盘中强制减仓措施,最后才适用盘中强平措施。

---

① 从世界各国的实践情况看,根据证券及其衍生品种不同而分开登记结算体系呈现明显的趋势。

2.借鉴成熟市场立法经验,消除期现套利法律障碍

首先,关于短线交易归入权的问题。短线交易归入权的立法主要是为了防范公司内幕人利用信息优势进行内幕交易,损害其他投资者利益,境外成熟市场国家对此多有规定。美国《证券交易法》第16节(b)规定,公司高级管理人员、董事及持有任何类型10％以上的受益所有人,必须将任何在6个月期间内因买入卖出或者卖出买入规定股票而产生的利润上交发行人。但第16节(e)同时也规定,符合SEC所制定的规则的套利交易,豁免执行短线交易归入权。其中,公司高级管理人员、董事的套利交易不得豁免,但是持有公司10％以上股份的股东的套利交易可以豁免;套利交易必须满足买卖同时性的要求,不符合买卖同时性则不得享受该豁免。我国《证券法》仅规定证券公司因包销购入售后剩余股票而持有5％以上股份的,卖出该股票不受6个月时间限制,未规定套利交易可以豁免执行该条款。但从套利交易的行为特征看,期现套利不受发行人的决策和财务状况的影响,尽管套利者属于法律规定的内幕人范围,但并未利用其内幕人的优势地位,其进行期现套利交易时,理应豁免执行该条款。

其次,关于涉嫌内幕交易的问题。境外成熟证券市场倾向于通过立法规制内幕交易。美国先后通过《证券交易法》《内幕交易制裁法》《内幕交易与证券欺诈施行法》,严格规制内幕交易;英国有关内幕交易的规定主要体现在《公司法》《刑法》以及《金融服务和市场法案》之中。一般而言,内幕交易构成应同时满足下列条件:第一,行为主体为内幕人;第二,相关信息为内幕信息;第三,行为人在内幕信息的价格敏感期内买卖相关证券,或者建议他人买卖相关证券,或者泄露该信息。从我国《证券法》以及《证券经营机构证券自营业务管理办法》有关限制性规定的立法宗旨看,主要是为了防范内幕交易和利益冲突。在期现套利交易中,证券公司虽然可能因与标的指数成分股公司存在承销或者保荐等关系,属于《证券法》第74条规定的内幕交易知情人,但其进行套利交易是严格按照成分股在股指期货标的指数中的权重来进行配置的,并未利用内幕消息进行交易。因此,并不满足内幕交易的构成要件。此外,证监会发布的《证券市场内幕交易行为认定指引》也规定,经中国证监会许可的市场操作和中国证监会认定的其他正当交易行为,不构成内幕交易。

最后,关于上市公司交易本公司股票的问题。各国公司法一般都对公司拥有本公司股份进行限制,同时规定在特定情形下允许持有。这种"原则禁止、例外允许"的规定主要是为了确保公司资本的充实,同时防止公司与股东人格的混同,以及公司利用优势地位进行内幕交易、操纵市场价格、扰乱市场

秩序。从我国公司法的规定看,也规定了减少注册资本、与持有本公司股票的公司合并、进行股权激励以及异议股东股份收买请求权四项例外情形,同时对持有数量和时间进行了限制。从期现套利的行为特征看,由于股指期货标的指数成分股的权重均较为分散,套利交易规模也不可能太大,证券公司因进行期现套利而持有本公司股票的数量有限;持有时间也不可能超过最远期合约的存续时间,考虑到套利机构会根据市场情况灵活调整头寸,持有时间还将进一步缩短;而且,套利机构也不会行使因期现套利而持有的本公司的投票权。因此,理论上应将因套利而持有本公司股票作为例外允许之情形。

针对上述《公司法》《证券法》《证券投资基金法》的限制性规定,深交所、上交所、中金所与证券业界可以联合向立法机关上呈和提交立法修订方案与修订说明,并争取能在上述法律的有关司法解释中予以明确和豁免,以便在上述法条进入立法修订程序时,通过法律修订彻底解决这一问题。关于《证券经营机构证券自营业务管理办法》中难以"与时俱进"的限制性条款,笔者认为,证监会可以根据金融期货市场的实践需要,在《公司法》《证券法》的相应条款修订之后,选择合适时机作出修订或行政解释,解决法律障碍;在修订之前,可以考虑通过发布通知的方式,明确成分股交易的合法性问题。

三、实施严格的程序化交易账户管理

期现套保、跨市风险管理、期现套利、组合保险等交易策略皆可通过程序化交易的方式自动实现,为实施跨市交易账户的动态监管,防范程序化交易引致的系统风险,阻止行为人利用程序化交易实施操纵,笔者认为,可以借鉴美国的做法,实施严格的程序化交易账户管理,具体做法可从以下几个方面展开。

第一,深沪交易所与中金所应加强程序化交易账户的跨市监管。从美国的经验看,强化程序化交易账户监管是最基本的监管措施。早在 1988 年监管机构开始出台专门措施,NYSE 就从此前的 P(本金)、PR(自营)、A(代理)三类账户细分出 D(会员指数套利)、C(会员其他自动交易)、J(个人指数套利)、K(个人自动交易)、U(其他机构指数套利)、Y(其他机构自动交易)6 类账户,要求会员在 DPTR 中报告各账户的明细交易情况。最近 NYSE 开始考虑取消 DPTR,代之以跟踪审计,其基础仍然是账户的分类管理。而与此相应的,CME 也要求自动化交易单独注册 TAG 50,本质也是保证对自动化交易进行专门的监管。当然,专户管理或独立注册的前提是界定自动化交易,而值得注意的是，NYSE 和 CME 采取了不同定义。通过专户（注册）管理，美国监管机构获得了证券市场程序化交易的整体情况，包括市场总体情况、发展趋势，为研究程序化交易在各种情况下对市场的影响准备了基本资料。正是通过这些资料，美国监管机构才不断提升了对自动化交易的识别、评估、监管能力，并且在后来的监管中可以取消部分逐渐失去意义的监管措施（如延迟、终止自动化交易以及目前讨论的取消 DPTR），并提出或完善其他有效的规定（如价格限制和此前不断修改 DPTR 报告规范）。总之，独立账户（或注册帐户）是其他监管措施的基础，有利于监管机构在市场发展阶段提前发现问题，保证其能够持续完善针对自动化交易的管理手段。

国内在程序化交易监管方面尚为空白，因此专户（注册）管理是实施各种监管的基础。并应加强与股票现货市场的联合监管，避免行为人借程序化交易之名规避法律限制，切实防范风险。

第二，应对投资者程序化交易实施备案管理。依照《中金所交易细则》的规定，会员、客户使用或者会员向客户提供可以通过计算机程序实现自动批量下单或者快速下单等功能的交易软件的，会员应当事先报中金所备案。显然，只要是借助计算机程序实施的，且自动批量下单或者快速下单的交易，即可归入程序化交易，并由中金所对投资者程序化交易实施备案管理。

第三，为机构投资者开立程序化交易编码。从中登公司的证券登记结算实践来看，中登公司通常为同一机构旗下的不同基金、不同资产管理业务和不同信托产品开立不同的证券账户，这样各类资产、业务运作的独立性和透明度较高，也有利于提高监管效率。因此，笔者认为，机构投资者若想证明指数成分股交易的合法性，就应能轻易举证其与成分股交易相匹配的期指头寸账户交易数据，而这需要引入证券市场的分产品、分业务、分类别的单独账户规则。具体而言，对于自然人客户按照一人一个客户号的标准执行；对于基金公司和证券公司等特殊机构投资者，根据其产品和业务分别授予不同的客户号，同一产品、业务若单独从事期现套利类业务，每一产品、业务则分别拥有单独的套利客户号，以防止其所管理的不同产品间的混同，以及不同业务之间的混合操作，也有利于中金所加强对上述特殊机构交易行为的监控。为明确基金公司和券商等特殊机构投资者的交易编码开立问题，笔者建议由证监会出台有关特殊机构投资者参与股指期货的相关通知，明确基金公司、证券公司、信托公司、保险公司和合格境外机构投资者等特殊机构可根据其业务及信托财产的独立性分别开立不同的交易编码。中金所再根据证监会通知的规定，修订业务规则中的相关规定，并明确特殊机构投资者开立交易编码的具体业务细则。

四、建构跨市场价格稳定机制

防控突发事件、金融动荡引发的市场系统性风险,成熟市场纷纷推行卖空熔断制度。实证检验表明,通过跨市熔断(circuit breaker)机制干预宏观事件和股指期货到期引发的市场冲击,赋予投资者更多的时间和机会来重新评估市场,将有利于化解信息不充分投资者"羊群行为"所引致的市场过度波动。足见,合理的股指期货熔断制度对于促进股指期货市场平稳运行,以及为日后其他金融期货品种的推出提供了风险监管制度方面的探索。然而,我国现行市场监管规则尚未设置熔断制度,对异常情形下的卖空监管力度稍显不足。中金所在股指期货仿真交易中曾经设置了熔断制度——当达到 6% 的日涨跌幅时,允许期指"熔而不断"地在该限制幅度内继续交易 10 分钟,对价格异常波动监管进行了有益的尝试,但囿于股票市场、期指市场涨停板规则而暂未实施。随着我国资本市场逐步完善和卖空交易的不断成熟,为了适应跨市场交易需要,应该在沪深交易所《交易规则》中重新设计具体熔断点以及后续交易时间,完善交易程序,构建熔断(或断路器)制度来防止价格过度波动。具体有以下几个方面。

第一,设置分段熔断制度以及启动上、下午两次熔断机制。分段熔断制度是指设置一个以上按照市场涨跌绝对值或百分比幅度来计算的触发点,当市场上涨(或下跌)至某一触发点时,便会暂停交易一段时间。而且,启动熔断机制,市场恢复后如果继续上涨(或下跌)至另一触发点时,将会延长暂停交易的时间,涨跌程度越大,暂停交易的时间越久。在境外市场中,跨市场协同熔断机制一般以股票市场指数作为判定基础,一旦股票市场指数波幅触发熔断点而中止交易一段期间,股指期货市场也将进入熔断阶段。选定合适的股票市场指数,是构建跨市熔断机制的基础。我们认为,将股指期货的标的指数设为熔断机制的基准指数,可以最大限度地提升股指与期指之间运行的协同性。另一方面,考虑到中国股票市场的投机氛围较浓,每交易日只启动一次熔断机制的规则可能无法有效地发挥稳定市场、降低风险的作用。交易所可以采取类似美国的区分异常波动等级的做法,新设跨市指数熔断制度,如表 4-1 所示,即在每一季度初,以上一月沪深 300 指数平均收盘价涨跌 10%、20%、30% 为基准设置本季度跨市协同熔断点,一旦沪深 300 指数波幅触发熔断点而中止交易一段期间,股指期货市场也将进入熔断阶段。

第二,融资融券标的证券的卖空熔断制度,即每日开盘之后,当某一标的

证券申报价触及熔断价格（即前日收盘价的±6％）时且持续一分钟，该股的连续竞价中断，集合竞价启动；启动熔断机制后的连续十分钟内，该股买卖申报价格不得超过熔断价格，继续撮合成交；启动熔断机制十分钟后，取消熔断价格限制，恢复连续竞价。[①]

表 4-1　跨市场指数熔断设想

沪深 300 当日上涨或下跌值（环比）	交易中止时间		
偏离上一季度最后一月沪深 300 收盘平均值达到 10％	下午 2:00 前中止交易 1 小时	下午 2:00～2:30 之间中止交易 30 分钟	下午 2:30 以后不中止交易
偏离上一季度最后一月沪深 300 收盘平均值达到 20％	下午 1:00 前中止交易 2 小时	下午 1:00～2:00 之间中止交易 1 小时	下午 2:00 以后中止交易直至闭市
偏离上一季度最后一月沪深 300 收盘平均值达到 30％	无论何时，立即中止交易直至闭市		

　　第三，建立股指期货市场与股票现货市场之间相关联的熔断制度。与我国股指期货市场相比，包括美国在内的很多交易所在设置熔断制度时都综合考虑了股票市场和期货市场的状况，建立跨市场的熔断制度以实现跨市场的协同。跨市场的熔断制度一般是以现货市场的大盘指数作为触发的基准，当现货市场的大盘指数波动到一定程度时，就触发跨市场的熔断机制，从而限制多个市场的交易行为。这也就意味着跨市场的熔断制度是协同作用的，现货市场和期货市场熔断制度的触发条件及约束程度，即对市场限制的时间、方式等应当保持一致。在协同的跨市场熔断制度下，各个市场近似于同时受到限制，这样就可以阻止大量交易者从先受到限制的市场转移到后受到限制的市场，避免转换带来的巨大压力导致价格剧烈波动。当市场处于受限状态时，交易者可以有时间搜集各市场的相关信息，对市场进行评估，并重新建立对市场

　　① 标的证券的卖空熔断制度系"熔而不断"，即一直保持着标的证券交易的持续性，与指数协同熔断制度的"熔而断"有着鲜明的差异。

的认识,从而使重新开盘后的市场逐步稳定下来,防止风险在各个市场间交叉影响。[①] 当现货市场启动熔断机制进入暂停交易或限制交易时,相关的衍生品市场一般也会进入暂停交易或限制交易状态。

当然,考虑到股指期货是个新引入的金融衍生品,以上多层次以及跨市场的熔断制度的设置可能有些复杂,操作起来难度也比较大,因此在股指期货推出的初期,熔断制度的设置还是应当采取比较简单的形式。在未来条件成熟的情况下,交易所可以选择更加弹性(多层次)的方式用沪深300指数建立跨市场的熔断制度,从而使其更好地发挥风险控制的作用,并减小其对市场的不利影响。跨市场的熔断制度可以按照市场波动的程度进行多阶段的设置,各阶段熔断价格的水平可以在一段时间后(如一个季度)根据市场情况进行动态的调整[②],并注意股市与期市的协同性,当现货市场暂停或限制交易时,股指期货市场也做出相应调整;反之亦然。如NYSE宣布暂定交易时,CME、纽约期货交易所(NYBOT)等也会暂停相关衍生品的交易。我国目前只有两家证券交易所,通过加强在证监会领导下的中金所与上交所、深交所之间的信息沟通和协调即可实现在股市、期市的同步监管。

五、"分对象、分阶段"地实施跨市场操纵监管

尽管随着标的指数抗操纵能力的提升和股指期货反操纵机制的强化,跨市操纵将会因交易成本因畸高而难以得逞。但从境外实践来看,两类跨市场操纵仍将大行其道[③],其一为行为人利用宏观事件冲击的不确定性,操纵市场走势。这类操纵通常是由宏观事件诱发,国际宏观对冲基金或者大型机构投资者参与,利用金融市场本身存在不稳定性,人为地制造大幅波动,从中获利。1998年香港金融保卫战就是国际上大型宏观对冲基金利用1997年来的亚洲金融危机,对香港的汇率、股票现货市场、股指期货市场同时进行跨市场操纵。2004年5月,以UBS为首的外资机构投资者利用印度政府出台了直接税收

---

① 转引自王春锋、房振明等:《股票与股指期货市场风险关联性及跨市场监管研究》,2007年上证研究报告,第134页。

② 转引自王春锋、房振明等:《股票与股指期货市场风险关联性及跨市场监管研究》,2007年上证研究报告,第149页。

③ 跨市场操纵主要有两种基本模式:其一,行为人操纵权重板块或个股,影响股指,再从期指获利;其二,操纵期指走出偏离合理定价区间的短暂行情,再从股票市场上获取差价收益。

公告征求意见，事先建立大量空头部位，然后集中卖出现货，达到抛压现货，从期货空头部位盈利的目的。其二为到期日操纵结算价。这类操纵的特点是资金规模相对较小，持续时间短，通常在合约最后交易日尾盘操纵现货指数权重股收盘价，在期指结算后现货指数快速回复正常，因此这类操纵对价格水平只有短期冲击。境外跨市场操纵案例对我国跨市场监管的借鉴意义表现为以下两方面。

(一)在境内外宏观经济不确定性较高时期，应着力促进重大信息公开

借由重大信息充分且及时公开，可以防范操纵行为人散布虚伪或不实信息来影响、操纵市场走势。利率走势、货币或财政政策走向、经济情势变化等任何影响股指走势的信息，或者监管机构为稳定市场而准备采取的紧急应变措施，均可能被操纵行为人事先获悉而借以进行跨市操纵。因此，如果在股票与期指市场增进信息透明度，让重大信息充分、及时公开，将极大地提升跨市操纵之成本。

(二)"分对象""分阶段"监管跨市操纵行为

行为人无论实施宏观事件冲击操纵还是到期日短期操纵，其均需事先建立大额的期货或股票部位，这就为事先或实时监管提供了切入点。

1."分对象"监管，划分投资者结构，将证券公司、QFII 私募基金等其他投资公司列为重点监管对象

由于指数期货合约到期时以现货指数价格结算，因此到期日是操纵现货，在股指期货上获利的一个机会。由于首个股指期货合约选用沪深 300 指数为标的物，而沪深 300 样本股的流通市值占总市值的六成以上，且各股权重分散，只有资金规模比较大的机构投资者在理论上才有操纵市场的可能性。证券公司自营投资股指期货额度受到净资本的限制，但近几年其自有资金、受托理财资金规模迅速壮大，参与股指期货的实力不断增强。因此中金所需重点掌握其自营账户、委托理财账户及集合理财产品的账户情况。尤其是在到期日前，通过监控沪深 300 权重较大的股票交易情况，追踪交易异常的证券营业部，在必要时可以要求其报告情况。QFII 具有丰富的股指期货交易经验，更有利用到期日效应操纵市场的不良案例，前日 A50 到期日与国内现货市场的异动也疑似与 QFII 有关。而且随着 QFII 在国内投资额度的逐步增大，其参与到期日操纵的可能性也在逐步增加。目前，QFII 参与股指期货的额度虽然有限，但其应是我们重点关注的对象。此外，我们也要密切关注 QFII 在境外期货市场的投资，防止其通过新加坡 A50 等市场跨境操纵。

私募基金、投资公司等在利益的驱动下，很有可能利用市场初期发展大的

机遇参与到市场操纵中来,它们在投资方向及操作上有很大的自由度,账户也比较隐蔽,难于监管,因此在到期日附近需要加强对异动账户的监控。

2.“分阶段”监管,以重点对象为基础将监管工作分为事前、事中、事后三个阶段

“事前”,参与到期日操纵的一般都会事前在期货、现货市场上部仓,所以“事前”监管的重点应该是现货、期货市场的账户,尤其注意监管关联账户的异动。

现货市场方面,主要在到期日的前一段时间针对现货市场,监控现货市场的账户异动,根据现货市场的情况再对应了解期货市场账户情况。分为两个方面:一方面是“普查”,即对重点监管对象账户的交易情况和持仓情况进行监控,掌握异动情况;另一方面是“倒查”,即监控沪深 300 权重较大的股票交易情况,追踪出该交易异常的账户。期货市场方面,严格贯彻保证金制度和大户报告制度,以预防为主,防患于未然。而且通过对账户情况的跟踪,掌握重点可疑账户,对套保、套利和涉嫌操纵账户加以区分,为下一步工作做好准备。因此“事前”监管应该是监管工作的重点和基础。

“事中”监管应该主要体现在对现货市场的监控和对期货市场风险事件的应对措施上。一方面要严密跟踪到期日最后两小时现货市场的异动情况,跟踪指数是不是在合理的区间内运行;另一方面,一旦现货市场有所反应,指数出现暴涨、暴跌情况,期货市场应该考虑采取提高保证金、限仓、强行平仓等相应的措施来化解市场风险。

“事后”,即到期日后如有发现市场可能存在操纵,为严格监管,则对操纵进行追查,其重点是最后受益人的账户检查。综上,通过监控防范、应对措施和责任追查从而构成一个完整的监管链。

3. 重点加强“到期日效应”监管

大量实证研究表明,当股指期货、指数期权、股票期权同时到期时,交易量会更加异常,价格的波动会更大,到期日效应也会更明显,这也被称为“三重巫时间”(triple witching hour)。其产生的主要原因是在到期日,有更多的衍生产品可选择,操纵现货更有利可图。因此,为避免更大的到期日风险,中金所未来在开发指数期权等产品时,应注意避开股指期货的到期日,同时,也要注意避开基金的窗饰“末日”。

六、健全投资者适当性规则

从境外有关投资者适当性制度的规定看,对于投资者分类的标准多数情况下由法律或者法规予以设定,这种制度安排有利于减少争议,也便于推行。而在我国这一个仅有二十几年发展历程的"新兴加转轨"的特殊市场,投资者结构仍以散户为主,股权文化上不成熟,不少投资者缺少系统的证券投资知识和经验,风险意识不强,特别是在股指期货投资者标准方面,投资者分类制度尚未完全成型,制度的完备性和效力均存在进一步提升的空间。因此,我们建议,在未来的股指期货法律规范体系下首先增设投资者分类制度,即在股指期货投资者适当性制度试点逐步成熟的基础上,在期货法立法的过程中全面引入投资者分类制度,对投资者分类的标准做出更加明确和细致的规定。此外,在期货法出台之前,也可以通过对《期货交易管理条例》的修订,或者由证监会发布有关规章的方式确立有关制度,提升股指期货适当性制度的权威性。

其次,前已述及,目前我国股指期货适当性制度过分强调"买卖自负"的原则,交易适当性决定由投资者自己作出,期货公司等中介机构无须为投资者作出适当性决定的义务,包括对客户的风险提示义务。而期货公司和证券公司等中介机构直接面对投资者,在股指期货适当性制度的实施中起着关键性的作用。从境外投资者适当性的有关规定看,多数国家或地区均规定中介机构在向客户销售金融产品时,应当对客户的专业知识、资产状况、风险程度能力和投资目的进行充分了解,并要求中介机构根据不同金融产品的特点和风险特性对投资者进行针对性的风险提示。因此,我们建议,可以在细分不同投资者类别,建立投资者分类制度的基础上,要求证券期货经营机构和中介机构建立执业规范和内部问责机制,对不同中介机构对专业投资者和非专业投资者的风险揭示义务、法律责任和发生纠纷时的举证责任分配等作出区别性的规定,以避免投资者在不当的劝诱之下,作出非理性的投资决定。

七、加强投资者风险教育

从国际期货市场发展的历史来看,投资者的素质与金融期货市场的健康发展息息相关。我国资产市场发展时间不长,相当数量投资者的风险意识淡薄,投资理念尚不成熟,因此,加强投资者风险教育,积极培育理性的机构投资群体和个人投资者则成为现阶段我国发展金融期货市场的关键。特别是股指

期货在我国还是一个新事物,其专业性强,与股票现货市场联系紧密,波及面广、传导迅速,具有杠杆性,是一把"双刃剑",使用不当也可能带来新的风险。而且,在我国新兴加转轨的特殊环境下,发展金融期货容易引发误解和质疑,面临更多挑战,因此更需要加强投资者的风险教育。目前,证监会正在考虑将"对投资者提示入市风险"作为对证券期货经营机构和中介机构开展股指期货经纪业务的重点监管内容,要求这些机构从认识风险、揭示风险和防范风险入手,高度重视投资者教育工作,做到"把风险讲够,把规则讲透",不能只讲投资盈利和收益以误导投资者。以笔者见之,成熟理性的投资者既是市场内在的约束力量,又是市场健康发展的重要基础之一,故加强投资者风险教育应是增进跨市场交易监管有效性的一项长期配套工程,除了证监会,中金所和期货业协会在日常的自律监管中也应以倡导风险监管理念为己任,从提高跨市场交易监管有效性和保护投资者合法权益的角度出发,针对市场运行的新情况、新特点,持续深入地开展投资者风险教育工作,建立投资者教育工作的长效机制,以帮助广大投资者了解股指期货产品特性,熟悉跨市场交易规则和风险,树立正确的市场参与理念和风险防范意识。

结束语

晚近以来,包括股指期货在内的金融衍生品的发展呈现飞跃式发展,合约金额总量成倍增长,成为全球金融市场中举足轻重的交易品种之一,给金融市场带来巨大财富。[①] 然"前事不忘后事之师",2008年金融危机的爆发表明,以债务担保证券(CDO)、信用违约掉期(CDS)等证券衍生品为代表的跨市场交易行为具有强杠杆性和结果的高危害性,如果忽视对其的风险防范或错过必要的风险处置,就会给整个资本市场带来不可挽回的灾难性后果。虽然自从2010年4月16日股指期货合约挂牌上市以来,我国股指期货市场期现指数波动表现具有一致性,到期交割日效应也并未出现……种种迹象似乎表明我国金融期货市场正在平稳、持续地向前发展。然而,表面的平稳并不等于我国期货市场系统性风险荡然无存。相反,我国金融机构大部分以国家控股为主,其在经营理念、行为模式和风险暴露等方面的共性已为系统性风险的滋生提供了先天的温床,加之我国股指期货市场发展的时间不长,市场机构间业务同质化或相互复制的"顺周期"现象较为严重,投资者普遍有着通过跨市场交易进行短期避险或逐利的动机,这使得股票与股指市场之间乃至整个资本市场体系各组成部分之间的关联程度空前加强,各种跨市场交易风险很容易在整个金融体系的不同层次间、不同地域的金融市场间、不同的交易环节间、不同交易主体间相互渗透和交叉传递。亦即这种来自个体投资者的局部、个别性风险会产生"一石激起千层浪"的扩散效果,累积形成影响整个资本市场的系统性风险。这种例子目前并非绝无仅有,2013年8月16日光大证券在股指期货与股票现货两市中的异常交易事件就是一个典型的例证。虽然该事件被证监会官方定性为"我国资本市场建立以来首次发生的一起因交易软件缺陷

[①] 根据国际清算银行2013年1月23日在其官方网站公布的报告显示,2013年全球衍生市场出现了15年来的最快增速,其衍生品合约数额上升43.5%至621万亿美元,这是自从国际清算银行跟踪国际衍生品市场以来的最大涨幅。See Bank for International Settlements(BIS):83rd BIS Annual 2012, http://www.bis.org/publ/arpdf/ar2013e.htm.

引发的极端个别事件",但其对证券期货市场造成的巨大负面影响已不可挽回。①

是故,我国的跨市场交易监管既要重视宏观层面的风险防范,也要强调微观层面的风险内控,这既是股指期货市场本身的客观要求,也是顺应市场发展趋势的理性选择。为此,借鉴境外发达市场经济国家或地区的成熟经验,本文试图结合我国资本市场发展的现实状况,从宏微观相互结合的审慎视角对我国股指期货和股票市场的跨市场交易监管的法律对策和操作提出如下的完善建议。

其一,从宏观层面尽快建立完备的股指期货和股票现货跨市场监管体制。"监管就是由监管者为实现监管目标而利用各种监管手段对被监管者采取的有意识的一系列主动干预和控制活动。"②具体而言,我国应进一步从以下几个方面加以完善:(1)用规章形式强化现行的"五方"监管协作效力;(2)明晰政府监管与自律监管界限,构建合理的外部协调监管和内部行业自律制度;(3)确立人民银行的宏观审慎监管主体地位,完善现行的"一行三会"监管协作机制的建设;(4)实施跨境联合监管,防范跨市场风险越境传染。此外,建议全国人大应加快我国《期货交易法》的立法出台步伐,尽可能协调现行股指期货和股票现货市场法律法规之间的分歧与冲突,弥补既有法律、法规规定的不周延,并加大对跨市场交易中违法违规行为的惩罚力度。

其二,从微观层面着手改进股指期货和股票现货跨市场监管准则。"制度供给即制度的生产,是为规范人们的行为而提供的法律、伦理或经济的准则或规则,它是对制度需求的回应。"③投资者在股指期货和股票现货间进行跨市套期保值、套利以及投机交易等将不可避免地产生或带来迥异于分市场的跨市场风险。前已述及,这些因个体引发的风险倘处置不当,就有可能蔓延冲击

---

① 该事件发生后,市场质疑光大证券涉嫌操纵市场。证监会经过深入调查取证与充分咨询论证后,认为,光大证券的巨额交易虽然在客观上引起了市场大幅波动,但是,事件的起因是系统技术缺陷,调查没有发现公司及相关人员组织、策划、促使这一事件发生的证据。根据《证券法》《期货交易管理条例》和中国证监会执法实践,因突发事故导致相关证券、期货价格和交易量异常波动的,不构成操纵市场。参见中国证监会:《光大证券异常交易事件的调查处理情况》,http://www.csrc.gov.cn/pub/newsite/bgt/xwdd/201308/t 20130830_233365.htm.2013 年 8 月 30 日访问。

② 赵锡军:《论证券监管》,中国人民大学出版社 2000 年版,第 2 页。

③ [美]诺内特、赛尔兹尼克:《转变中的法律与社会:迈向回应型法》,张志铭译,中国政法大学出版社 1994 年版,第 267 页。

股指期货和股票现货跨市场交易监管研究

厦门大学法学院经济法学文库

整个资本市场。而与宏观层面的跨市场监管体制相比,这些微观上的跨市场监管准则就是专门为防范这些风险而设置的一线"防盗网",故仍有进一步细化和完善之必要。为此,本书重点从推行跨市场交易登记、弥补交易法规之漏洞、实施严格的程序化交易账户管理、构建跨市场价格稳定机制、"分对象""分阶段"地实施跨市场操纵监管、健全投资者适当性规则、加强投资者风险教育等方面给出优化建议。这些建议均立足于我国新生的金融期货市场的发展实际,颇具有实践上的可操作性与针对性。

法律是人们凭借其理性而创设的行为规范或制度,因此法律法规形式的完备是容易做到的,制度机制的健全也并非一件难事,但是这一切技术性环节的完善过程,必须依赖于一定的立法理念与价值。理念,作为一个哲学概念,是指"一种理想的、永恒的、精神性的普遍范型"[①]。把哲学上的理念概念引入跨市场交易的监管,是监管机构开展证券监管工作的目的、要求和行动指南,或者说是指导一切证券监管行为的方针政策、指导思想、原则乃至信念、理想和价值的集合体。它不仅是跨市场交易监管的实践结晶,更是跨市场交易监管的行动指南。无论是从宏观抑或微观审慎层面,在寻求和探索跨市场交易监管完善的过程中,我们始终都要围绕保护投资者合法权益这一核心价值理念展开,不折不扣地践行证券市场中最为基础的"公开""公平"与"公正"这三公原则。当然,这种核心价值理念的最终确立既需要各方监管者的共同参与和不断试错,也需要立法者的智慧和决心,更需要整个社会普遍心理认知的形成。

总之,随着我国证券期货市场国际化程度的不断推进和演化,不仅仅是股指期货,未来必定还有诸如利率期货、外汇期货等其他金融期货产品在我国金融衍生产品市场出现。因此,我们绝不能仅仅限于股指期货市场层面探讨跨市场监管,而应从依法行政的角度为其作出必要的前瞻性与现实性分析,不断对既有的跨市场交易监管机制的不足进行改进和完善,以适应新的金融期货市场的监管要求和更好地发挥金融衍生品的避险和稳定市场的功能,促进股票现货和期货市场的良好互动,从而引领我国多层次资本市场迈向理性的繁荣,在金融市场安全与金融效率平衡共进中实现投资者利益之保护。

---

① 中国大百科全书编委会:《中国大百科全书·哲学》,中国大百科全书出版社 1987年版,第 465 页。

主要参考文献

一、著作类

1. 薛宏刚、徐成贤、徐凤敏编著：《股票指数期货——投资、套利与套期保值》，科学出版社 2008 年版。

2. 朱玉辰编著：《股指期货基础教程》，上海远东出版社 2010 年版。

3. 苗永旺著：《宏观审慎监管研究》，中国金融出版社 2012 年版。

4. 陈斌彬著：《我国证券市场法律监管的多维透析》，合肥工业大学出版社 2012 年版。

5. 黄永庆、王超主编：《股指期货法律法规选编》，法律出版社 2010 年版。

6. 李志斌著：《后危机时代的金融衍生品市场监管》，中国金融出版社 2012 年版。

7. 庄玉友著：《日本金融商品交易法信息披露制度研究》，人民出版社 2012 年版。

8. 唐波著：《期货法论》，世界图书出版社 2008 年版。

9. 徐家力著：《期货交易法律制度研究》，中国政法大学出版社 2000 年版。

10. 韩龙著：《金融服务贸易规制与监管研究》，北京大学出版社 2006 年版。

11. 刘春长著：《中国证券市场监管制度及其变迁研究》，中国金融出版社 2010 年版。

12. 庄序莹著：《中国证券监管理论与实践》，中国财政经济出版社 2001 年版。

13. 李志君著：《证券市场政府监管论》，吉林人民出版社 2005 年版。

14. 朱崇实主编、刘志云副主编：《金融法教程》（第 3 版），法律出版社 2010 年版。

15. 顾功耘主编：《金融衍生工具的法律规制问题》，北京大学出版社 2007 年版。

16. ［美］默顿·米勒著：《金融创新与市场的波动性》，王中华、杨林译，首都经济贸易大学出版社 2002 年版。

17. 刘英华编著：《期货投资经典案例》，上海远东出版社 2010 年版。

18. 李东方著：《证券监管法律制度研究》，北京大学出版社 2002 年版。

19. 杨星著：《股指期货》，广东经济出版社 2002 年版。

20. "场外金融衍生产品市场鉴管问题研究"课题组编著：《金融衍生品市场监管国际经验与中国实践》，中国金融出版社 2009 年版。

21. 唐波著：《全球衍生品市场监管的法律规制》，北京大学出版社 2013 年版。

22. 张玉智著：《中国金融衍生品市场监管体系重构》，中国金融出版社 2009 年版。

23. 陈晗著：《金融衍生品：衍生路径及监管措施》，中国金融出版社 2008 年版。

24. 张显球著：《宏观审慎监管：理论含义及政策选择》，中国金融出版社 2012 年版。

25. 谭燕芝：《金融衍生品监管》，中国经济出版社 2008 年版。

股指期货和股票现货跨市场交易监管研究

厦门大学法学院经济法学文库

26.曹立、黄华编著：《话说股指期货》，上海远东出版社 2010 年版。

二、论文类

1. 朱大旗：《完善我国股指期货市场监管机制的法律思考》，载《政治与法律》2012 年第 8 期。

2. 熊理思：《美国证券市场高频交易的最新法律监管动向——兼论"光大 8·16 事件"的防范》，载《西南政法大学学报》2014 年第 1 期。

3. 王雪莹、张维、熊熊：《股指期货跨境联合监管模式分析》，载《投资研究》2008 年第 9 期。

4. 张艳莹：《香港对股指期货市场实施监管和风险控制的经验及启示》，载《现代财经》2010 年第 7 期。

5. 余绍山、陈斌彬：《从微观审慎到宏观审慎：后危机时代国际金融监管法制的转型及启示》，载《东南学术》2013 年第 3 期。

6. 郭鹏：《国外高频交易的发展现状及启示》，载《证券市场导报》2012 年 7 月号。

7. 吴国舫：《资本市场的宪政之维论纲》，载《证券法苑》2010 年第三卷（下），法律出版社 2010 年版。

8. 黎四奇：《对我国证券监管理念的批判与反思——一个监管者角色定位的问题》，载漆多俊主编《经济法论丛》2009 年第 2 期，中国方正出版社 2009 年版。

9. 张培培：《从光大"乌龙指"事件看高频交易监管》，载《金融发展研究》2013 年第 10 期。

10. 徐新喆、杨朝军：《证券市场高频交易与流动性监管》，载《上海金融》2013 年第 8 期。

11. 杨宏芹：《我国股指期货立法缺陷及法律完善》，载 2008 年《中国法学会证券法学研究会成立大会论文集》（下）。

12. 杨东：《后金融危机背景下欧盟金融监管改革的新发展》，载《证券法苑》2010 年第 3 卷（上）。

13. 邢精平：《香港衍生品跨市场监管机制与启示》，载《深交所》2008 年第 3 期。

14. 张艳莹：《香港对股指期货市场实施监管和风险控制的经验及其启示》，载《现代财经》2010 年第 7 期。

15. 阙波：《国际金融衍生品法律制度研究》，华东政法学院 2007 年博士论文。

16. 王玉飞：《日本期货市场的监管体制》，载《证券时报》2002 年 8 月号。

17. 黄志强：《英国金融监管改革新架构及启示》，载《国际金融研究》2012 年第 5 期。

18. 陈欣：《衍生金融交易国际监管制度研究》，厦门大学 2005 年博士论文。

19. 王小丽：《股票和股指期货跨市场监管法律制度研究》，安徽大学 2012 年博士学位论文。

文献 ◎

主要参考

20. 萧豆：《美国期货：三层监管造就成熟市场》，载《走向世界》2007 年第 5 期。

21. 周小川：《在期货业协会成立大会上的讲话》，载《中国证券报》2000 年 12 月 31 日，第 1 版。

22. 马凌霄等：《衍生金融市场监管的理论发展与国际实践》，载《商业经济与管理》2007 年第 2 期。

23. 薛承勇：《我国试行证券监管和解制度问题初探》，载《证券市场导报》2006 年 10 月号。

24. 陈洁：《金融投资商品统一立法趋势下"证券"的界定》，载《证券法苑》第五卷，法律出版社 2011 年版。

25. 尚福林：《推动中国资本市场稳定健康发展》，载《中国金融》2009 年第 5 期。

26. 陈红：《股指期货市场与股票跨市场监管：海外经验及中国制度完善》，载《投资研究》2009 年第 11 期。

27. 秦泰文、戴军等：《股指期货风险事件分析》，载《资本市场》2010 年第 5 期。

28. 唐波、莫憬华：《我国金融衍生工具法律监管制度之构建》，载顾功耘主编：《金融衍生工具的法律规制》，法律出版社 2007 年版。

29. 韩复龄、范泰奇：《股指期货与股票现货间关联关系的动态研究》，载《价格理论与研究》2013 年第 12 期。

30. 林雯雯：《中国股指期货市场交易中结构合理化问题研究》，华东师范大学 2008 年博士学位论文。

31. 赵海怡：《金融衍生品交易风险控制中的制度与法律》，载《河北法学》2009 年第 6 期。

32. 刘庆富：《中国股指期货和股票现货跨市场监管研究》，载《财经问题研究》2012 年第 6 期。

33. 姚兴涛：《股指期货的监管属性》，载《证券市场导报》2000 年 6 月号。

34. 吴坚、胡茂刚：《中国期货市场发展与期货法制创新》，载《财经科学》2002 年第 3 期。

35. 石晓波：《股指期货市场与股市的跨市监管研究》，载《财政研究》2007 年第 12 期。

36. 胡茂刚：《我国股指期货三层监管体系的法律思考》，载《政治与法律》2008 年第 5 期。

37. 杨阳、万迪昉：《股指期货真能稳定市场吗?》，载《金融研究》2010 年第 12 期。

38. 刘凤元：《现货市场与衍生品市场跨市监管研究》，载《证券市场导报》2007 年 9 月号。

39. 王春峰：《股票、股指期货跨市场信息监管国际比较与借鉴》，载《国际金融研究》2008 年第 3 期。

40. 陈虹：《股指市场与股票市场跨市场监管：海外建设经验与中国制度选择》，载《投资研究》2009 年第 11 期。

41. 杨运杰:《我国股指期货风险管理研究》,载《宏观经济管理》,2007 年第 6 期。

42. 粟明辉:《金融衍生品交易的法律规制研究》,载《商业研究》2012 年第 8 期。

43. 贾洁:《中外股指期货市场监管架构比较研究》,载《时代金融》2011 年第 8 期。

44. 彭真明:《期货市场监管体制研究》,华中师范大学学报(哲学社会科学版)》2007 年第 9 期。

45. 邢楠:《从跨市场风险监管论股指期货市场的回归范式》,载《中国证券期货》2011 年第 4 期。

三、研究报告类

1. Rüdiger von Rosen:《后危机时期主要金融市场监管改革述评》,中国证监会与德国技术合作公司合作研究课题报告,2010 年 6 月 30 日。

2. 王春锋、房振明等:《股票与股指期货市场风险关联性及跨市场监管研究》,2007 年上证研究报告。

3. 招商证券研究报告:《期现套利交易研究》,2007 年 11 月 26 日。

4. 李俊:《股指期货市场套利概述》,中原证券研究所研究报告,2007 年 12 月 25 日。

5. 张晓凌:《股票与股指期货跨市场交易监管研究》,深圳证券交易所 2008 年博士后研究报告。

5. 刘凤元:《现货市场与衍生品市场跨市监管研究》,上海证券交易所联合研究计划第 16 期。

6. 李国安:《金融危机后境外资本市场监管改革及其对中国的启示》,2010 年中国证券监督管理委员会与德国技术合作公司联合招标研究报告。

四、英文文献类

1. John T. Marshall. Futures and Option Contacting Theory and Practice. South-Western Publishing Co. , 1989.

2. Jennings,Marsh, Coffee, Seligman,Federal Securities Regulation:Law,Regulation and Rules,Foudation Press,2000.

3. Laurence, Henry. The Rule of Law in the Era of Globalization. Vol . 6 Global Legal Study, 1999.

4. Lewis. Lowenfels and Alan R. Rromberg, Suitability in Securities Transactions, 54 Bus. Law, Rev, 1999.

5. Tom Steinert-Threlkeld. SEC Approves Market-Wide & Single-Stock Circuit Breakers. http://www. Securitiestechnologymonitor. com/news /market-wide-single stock circuit-breaker-pilots-approved-by-sec-30675-1. html.

6. NASDAQ. Current Regulatory Initiatives, http://www. nasdaqtradercom/Trader aspx? id = currentregulatory # luld.

7. NASDAQ. Frequently Asked Questions Limit Up-Limit Down, http://www. Nasdaqtrader. com/content /Market Regulation /LULD_FAQ. Pdf, 2013-8-7.

8. Self Regulation Organization: Notice of Filling and Immediate Effectiveness of Proposed Rule Change by National Future Association Relating to Security Futures Products . Exchange Act Release No. 34-44,823. 66 Fed. Reg. 49439.

9. Borio, C.. Implementing the Macro-prudential Approach to Financial Regulation and Supervision. Bank of France Financial Stability Review. September, 2009.

10. William R. White. Pass Financial Crises, the Current Financial Turmoil, and the Need for a New Macro-financial Stability Framework, Journal of Financial Stability, 2008 (4).

11. Ludger Hentschel, Clifford W. Smith. Derivatives Regulation: Implicaitions for Central Banks. Journal of Monetary Economics, 1997(40).

12. Saul Hansell. Why Derivatives Rattle the Regulators? Inatitutional Investor, 1992 (9).

13. Madison. Derivatives Regulation in the context of the Single Theory. Columbia Business Law Review, 1999(3).

14. Markham. A Comparative Analysis of Consolidated and Functional Regulation: Super Regulator: a Comparative Analysis of Securities and Derivatives Regulation in the United States, the United Kindom, and Japan. Brooklyn Journal of International Law, 2003 (28).

15. Davies H. Financial Regulation: Why Bother? Society of Business Economists lecture, 1999(1).

16. Fama. Efficient capital Markets: A Review of Theory and Empirical Work. Journal of Finance, 1970(25).

17. Holland R. C.. Speculation on Future Innovation: Implications for Monetary Control, Financial Innovation. Lexington, MA: D. C. Heath, 1975.

18. Goldfeld S. M.. Comment: Speculation on Future Innovation, Financial InnovationLexington, MA: D. C. Heath, 1975.

19. Silber W. L. The Process of Financial Innovation, the American Economic Review, 1983(5).

20. Kane E. J. Impact of Regulation on Economic Behavior, Journal of Money, Credit and Banking, 1981(9).

21. Ollerman, C. O. , and P. L. Farris, Futures or Cash: Which Market Leads Live Beef Cattle Prices, The Journal of Futures Markets, 1985.